Duden

Einfach klasse in Deutsch

9. Klasse

Wissen • Üben • Testen

Dudenverlag
Mannheim • Leipzig • Wien • Zürich

Bildnachweis:
aisa, Archivo iconográfico, Barcelona: S. 43
akg-images, Berlin: S. 53
Bibliographisches Institut & F. A. Brockhaus, Mannheim: S. 30, S. 41, S. 42, S. 51

Bibliografische Information der Deutschen Bibliothek
Die Deutsche Bibliothek verzeichnet diese Publikation in der Deutschen Nationalbibliografie; detaillierte bibliografische Daten sind im Internet über http://dnb.ddb.de abrufbar.

Nach den ab 1.8.2006 gültigen Rechtschreibregeln.

D C B A

Redaktionelle Leitung Annika Renker
Redaktion Elke Spitznagel
Autorin Birgit Kölmel

Herstellung Annette Scheerer
Layout Horst Bachmann
Illustration Carmen Strzelecki
Umschlaggestaltung Sven Rauska
Umschlagabbildung Ullstein Bild, Berlin

Satz Katrin Kleinschrot, Stuttgart
Druck und Bindung Appl, Wemding
Printed in Germany

ISBN-13: 978-3-411-72411-6
ISBN-10: 3-411-72411-0

Inhaltsverzeichnis

1 Sprechen

1.1 Argumentation und Diskussion

Unter **Argumentation** versteht man die Darlegung von Argumenten. **Argumente** sind stichhaltige Beweisgründe, die eine **These** (Behauptung) stützen sollen. Ein Argument setzt sich aus einer **Behauptung**, einer **Begründung** und einem **Beispiel** zusammen (↑ Kap. 2.2).	*Thema:* Sollten Mütter berufstätig sein? *These:* Auch Frauen mit Kindern sollten ihrem Beruf nachgehen können. *Argument:* Die finanzielle Situation der Familie bessert sich deutlich. Es steht ihr dadurch mehr Geld zur Verfügung als mit einem Alleinverdiener.
Das Wort **„Diskussion“** kommt aus dem Lateinischen und bedeutet „Meinungsaustausch“. Eine Diskussion ist ein Gespräch zwischen mehreren **Diskutanten,** in dem über ein bestimmtes Thema gesprochen wird. Der **Diskussionsleiter** führt durch die Diskussion und bemüht sich, beide Seiten gleich stark zu Wort kommen zu lassen. Jeder Diskutant trägt seine Argumente vor und versucht, die Gegenseite zu **überzeugen.** Es kommt jedoch nicht darauf an, dass ein Einzelner Recht behält, sondern darauf, dass alle Beteiligten sich bemühen, gestellte Probleme zu klären oder die eigenen Standpunkte zu erweitern oder zu prüfen.	*Diskussionsleiter:* „Wir sind heute zusammengekommen, um über das Thema ‚Sollten Mütter berufstätig sein?‘ zu reden. Frau M., welchen Standpunkt vertreten Sie in dieser Frage?“ *Frau M.:* „Ich bin der Meinung, dass Frauen immer berufstätig sein sollten *(These)*. Sie sind Mitglied der Familie und können es nicht ausschließlich dem Mann überlassen, für die finanzielle Sicherheit zu sorgen *(Begründung)*.“ *Frau B.:* „Da muss ich Ihnen widersprechen. Ich hingegen denke, dass ...“
Wichtig ist, dass jede Diskussion von **gegenseitigem Respekt** geprägt ist. Auch andere Meinungen sollen respektiert und überdacht werden.	*Frau M.:* „Ich kann Ihren Standpunkt sehr gut nachvollziehen, Frau B. Aber meinen Sie nicht, dass es für eine Frau mit Kindern auch wichtig ist ...“
Im günstigsten Fall steht am Ende einer Diskussion die Lösung des Problems. Der **Diskussionsleiter** stellt die verschiedenen Standpunkte heraus und fasst die **Ergebnisse** zusammen.	*Diskussionsleiter:* „Nun haben wir einer lebhaften Diskussion beigewohnt. Ich denke, dass jede der Diskutantinnen nun auch die andere Seite versteht. Letztlich muss jede Frau für sich selbst und mit ihrer Familie entscheiden, ob sie einem Beruf nachgeht.“

ÜBUNG 1 **Überlege dir fünf Argumente zu der These „Teenager sollten keine Kinder bekommen".**

Teenager sollten keine Kinder bekommen,

1. weil
2. weil
3. weil
4. weil
5. weil

ÜBUNG 2 **Die Teilnehmer der folgenden Diskussion begehen einige Fehler. Markiere, was falsch läuft, und schreibe die Fehler mit einer Begründung in dein Übungsheft.**

Diskussionsleiter: „Ich begrüße Sie herzlich zur Diskussion des Themas ‚Sollte man für ein tolles Aussehen alles tun?'. Meine Gäste sind: Maren, die bereits zwei Schönheitsoperationen hinter sich hat und …"

Claudi (unterbricht den Diskussionsleiter und beugt sich zu Maren vor): „Wat? Du has' zwei OPs hinter dir? Dat sieht man dir aber jar net an!"

Maren: „Ph! Was willst du denn? Nach mir drehen sich die Männer um, wenn ich durch die Stadt laufe. Ich könnte an jedem Finger zehn haben, was man von dir sicher nicht behaupten kann."

Diskussionsleiter: „Nun, Maren, du bist also der Meinung, Schönheitsoperationen sind ihr Geld wert, wenn sie das gewünschte Aussehen bringen …"

Maren: „Ja, natürlich, ich habe bereits den nächsten Termin bei Dr. Gutglück."

Diskussionsleiter: „Darf man fragen, was Sie bei dieser OP korrigiert haben wollen?"

Claudi: „Na, ihr hässliches Gesicht natürlich, wat denn sonst?"

Maren (ignoriert Claudi): „Das ist ja jetzt egal. Wichtig ist, dass ich seit meiner ersten Operation ein völlig verändertes Selbstbild von mir habe und ein ganz neues Selbstwertgefühl …"

Basti (unterbricht Maren): „Also, ich als Mann, um das mal zu sagen, finde die Maren total hässlich …"

Diskussionsleiter: „Du findest also nicht, dass ihre Operationen Erfolg hatten?"

Basti: „Nee, also, und überhaupt – was soll das denn, so viel Geld nur fürs Aussehen auszugeben?"

ÜBUNG 3 **Überlege, wie die Diskussion in Übung 2 weitergehen könnte. Am Ende fasst der Diskussionsleiter das Ergebnis zusammen. Was könnte er sagen? Schreibe seine Worte in dein Übungsheft.**

WISSEN +

Sach- und Beziehungsebene eines Gesprächs

Jede Gesprächssituation lässt sich in eine Sachebene und eine Beziehungsebene aufschlüsseln.

- Unter der **Sachebene** versteht man die sachliche Information, die der Gesprächspartner mitteilt.
- Die **Beziehungsebene** übermittelt, in welchem Verhältnis der Gesprächspartner zum Gegenüber steht. Dies zeigt sich oft auch in der Körpersprache oder im Tonfall. Für Gespräche und Diskussionen ist es wichtig, sich um ein partnerschaftliches und freundliches Verhältnis zu bemühen, andernfalls können sie feindselig und unsachlich werden.

Aussage: Ich bin hier der Chef.

Sachebene: Mein Gesprächspartner ist derjenige, der höher gestellt ist als ich. Er kann mir sagen, was ich tun soll. Er ist der Chef.

Beziehungsebene: Mein Gesprächspartner stellt sich über mich. Er möchte mich dadurch kleiner machen und mir zu verstehen geben, dass ich nichts zu sagen habe und ruhig sein soll.

ÜBUNG 4 **Finde aus den Aussagen jeweils die mögliche Sach- und Beziehungsebene heraus und schreibe beides in dein Übungsheft.**

ÜBUNG 5 **Was könnten die Gesprächspartner den Personen in Übung 4 antworten, wenn sie aus den Aussagen nur die Beziehungsebene hören würden? Schreibe in dein Übungsheft.**

ÜBEN

1.2 Vorstellungsgespräch

Mit der Einladung zu einem **Vorstellungsgespräch** will die Firma den richtigen Mitarbeiter für die zu besetzende Stelle finden. Man möchte dich kennen lernen und herausfinden, ob du dich für den Beruf eignest und die erforderlichen charakterlichen Eigenschaften mitbringst.

Das Unternehmen will herausfinden,
... ob du dich tatsächlich für den Beruf und die Firma interessierst,
... ob du freundlich und höflich mit Menschen umgehen kannst,
... ob du teamfähig bist,
... ob du zuverlässig bist.

Es gibt einige **Standardfragen,** die den Bewerbern meist gestellt werden:

- Fragen zur **Schule** (1),
- Fragen zu deiner **Persönlichkeit** (2),
- Fragen nach deiner **Freizeit** (3).

Beantworte diese Fragen ehrlich. Wichtig ist, dass du dir vorher schon überlegst, was du antworten könntest.

(1) Was sind Ihre Lieblingsfächer?
(2) Wo sehen Sie Ihre besonderen Stärken, wo Ihre Schwächen?
(3) Wie gestalten Sie Ihre Freizeit? Sind Sie in einem Verein?

Verhalten:

- Klopfe selbstbewusst an und trete ein, wenn du dazu aufgefordert wirst.
- Stelle dich mit deinem vollen Namen vor. Reiche deinem Gesprächspartner dabei die Hand und drücke sie fest. (Übe deinen Händedruck, denn eine schlaffe Hand hinterlässt einen negativen Eindruck.) (1)
- Setze dich erst, wenn du dazu aufgefordert wirst. Gebe dich entspannt, aber nicht zu lässig.
- Halte deine Hände ruhig. Verschränke deine Arme nicht.
- Halte Blickkontakt, jedoch ohne dein Gegenüber anzustarren.
- Antworte freundlich auf Fragen (2).
- Überlege dir vorher selbst Fragen und stelle sie, wenn dein Gesprächspartner dir die Möglichkeit hierzu gibt. Daran erkennt man, dass du Interesse an der Firma hast (3).

Fragen zum Gehalt und den Pausenzeiten solltest du vorerst vermeiden.

Wichtig: Versuche hochdeutsch zu reden und vermeide Jugendsprache!

(1) *Personalchef:* „Guten Tag, Schmitt mein Name."
Bewerber: „Guten Tag, Herr Schmitt. Mein Name ist Marc Muster."

(2) *Personalchef:* „In Ihrer Bewerbung schreiben Sie, dass Sie in mehreren Vereinen aktiv sind."
Bewerber: „Ja, das ist richtig. Ich bin in verschiedenen Vereinen engagiert: ..."

(3) *Bewerber:* „Im Internet habe ich gelesen, dass Ihre Firma über 600 Mitarbeiter hat. Wie viele üben davon den Beruf des Bürokaufmanns aus?"
Personalchef: „Sie interessieren sich dafür, wie viele Kollegen Sie in Ihrem angestrebten Beruf erhalten werden. Das freut mich. Nun, wir beschäftigen etwa 25 Bürokaufleute."
Bewerber: „Arbeiten die Bürokaufleute alle in einer Abteilung oder sind sie in mehreren Abteilungen eingesetzt?"
Personalchef: „Unsere Bürokaufleute sind alle in Abteilung 3 eingesetzt. Dort würden auch Sie ausgebildet werden."

ÜBUNG 6 **Lies Marcs Vorstellungsgespräch durch. Welche Fehler macht er? Markiere die jeweiligen Textstellen farbig und erläutere die Fehler in deinem Übungsheft.**

Marc hat ein Schreiben der Gemeindebank erhalten, in dem er zu einem Vorstellungsgespräch um 14 Uhr eingeladen wird. Obwohl er pünktlich zu Hause losgefahren war, stand er mit seinem Mofa im Stau und betritt nun um 14.13 Uhr die Bank. Eine Angestellte zeigt ihm den Weg zum Personalchef.

Aufgeregt steht er vor der Tür und klopft. Keine Antwort. Vorsichtig öffnet Marc die Tür und erblickt einen Mann im grauen Anzug, der mit dem Rücken zu ihm sitzt. Marc räuspert sich, um sich bemerkbar zu machen. Der Mann dreht sich um.

Personalchef (erstaunt): „Guten Tag, wer sind Sie?"

Marc streckt ihm seine Hand hin: „Mein Name ist Muster. Ich habe eine Einladung zu einem Vorstellungsgespräch."

Personalchef: „Nun ja, ich habe Sie bereits vor fünfzehn Minuten erwartet. Aber bitte, nehmen Sie Platz. Schmitt mein Name."

Marc setzt sich und verschränkt die Arme vor seiner Brust.

Personalchef: „Sie haben sich für die Ausbildung zum Bankkaufmann beworben. Weshalb wollen Sie Ihre Ausbildung bei unserer Bank absolvieren?"

Marc: „Nun ja, ich habe alle Banken hier im Umkreis angeschrieben und Ihre war die erste, die geantwortet hat. Ich möchte auf keinen Fall wegziehen und dachte, welche Bank, ist egal, Hauptsache, sie ist in meiner Nähe."

Personalchef: „Aha, verstehe. Wieso haben Sie sich für diesen Beruf entschieden?"

Marc: „Ich wusste lange nicht, was ich machen sollte: weiter auf die Schule gehen oder eine Ausbildung anfangen. Aber ich wollte unbedingt Geld verdienen, damit ich mir ein neues Mofa kaufen und auch mal mit meinen Kumpels in Urlaub fahren kann. Und dann habe ich überlegt, welcher Beruf etwas für mich wäre und ich dachte: Bankkaufmann ist nicht schlecht. Das ist eine saubere Arbeit, da macht man sich nicht schmutzig. Und sehr anspruchsvoll ist der Beruf sicher auch nicht, das macht ja alles der Computer."

Personalchef: „Hm. In Ihrem Bewerbungsschreiben stand, dass Sie im Fußballverein stark engagiert sind. Bekleiden Sie ein besonderes Amt?"

Marc: „Ach so, ja, das war mal. Aber ich habe mich mit denen zerstritten und bin nun ausgetreten. Die können mich mal, ich lasse mir auch nicht alles gefallen …"

Personalchef: „Nun, Herr Muster, von meiner Seite wäre nun alles geklärt. Haben Sie noch Fragen an mich?"

Marc: „Nein, eigentlich nicht. Was ich über Ihre Bank wissen muss, das bekomme ich ja nach und nach alles mit. Und sonst – äh, ja, doch. Wie viel Urlaub habe ich im Jahr?"

Personalchef: „Die Auszubildenden bekommen 30 Tage Urlaub im Jahr."

Marc: „30 Tage? Na ja, das geht schon. Sonst ist eigentlich alles klar."

Personalchef (steht auf und reicht Marc die Hand): „Dann auf Wiedersehen, Herr Muster, Sie hören von uns."

Marc (schüttelt die Hand): „Ja, bis dann."

WISSEN

Vorbereitung auf das Vorstellungsgespräch

Damit das Gespräch für dich gut verläuft, ist es wichtig, dass du dich gründlich darauf vorbereitest. Hierzu zählen:

- **Überlegungen zur Kleidung:** Der erste Eindruck zählt. Aus deinem Äußeren werden Rückschlüsse auf dein Arbeitsverhalten gezogen. Ziehe Kleidung an, die deinem Beruf angepasst und sauber ist.
- **Informationen über die Firma und den Beruf sammeln:** Informiere dich über das Unternehmen und deinen Beruf. Überlege dir Gründe, weshalb du diesen Beruf in dieser Firma erlernen möchtest.
- **Informationen über die Verkehrswege:** Erkundige dich rechtzeitig, wie du zu der Firma gelangst. Fahre frühzeitig los, damit du auf jeden Fall pünktlich bist.

Kleidung, die der Branche entspricht:
Bank: Anzug und Krawatte bzw. Stoffhose/Rock und Bluse
Werbeagentur: darf durchaus etwas ausgefallener sein; im Zweifelsfall eher zu konservativ als zu leger

Informationen bekommst du z.B. bei der Agentur für Arbeit, im Internet oder in der Bibliothek.

Nimm immer eine Bahn früher, wenn du mit öffentlichen Verkehrsmitteln unterwegs bist. Fährst du mit dem Mofa oder fahren dich deine Eltern, dann gebe je nach Entfernung 20 bis 30 Minuten dazu.

ÜBUNG 7 **Anka und Bea haben Einladungen zu einem Vorstellungsgespräch bekommen: Anka bei einer großen Versicherung, Bea bei einem angesagten Trendfrisör. Welche Kleidung kommt infrage? Schreibe bei der Kleidung für Anka „A“, bei der Kleidung für Bea „B“ in die Kästchen.**

ÜBUNG 8 **Welche Fragen könnte Bea über das Unternehmen (angesagter Trendfrisör) stellen? Schreibe mindestens fünf mögliche Fragen in dein Übungsheft.**

ÜBUNG 9 **Du hast eine Einladung zu einem Vorstellungsgespräch für deinen Traumberuf bekommen. Wie antwortest du ehrlich und überzeugend auf die Fragen des Personalchefs? Überlege gut und antworte sorgfältig.**

Personalchef: „Nun erzählen Sie mir doch zunächst einmal etwas über sich selbst. Was meinen Sie, wo Ihre besonderen Stärken liegen?“

Personalchef: „Können Sie mir auch etwas über Ihre Schwächen sagen?“

Personalchef: „Wie verbringen Sie Ihre Freizeit?“

Personalchef: „Gehen Sie gern zur Schule?“

ÜBUNG 10 **Die richtige Körperhaltung ist wichtig, denn sie sagt eine Menge über dich aus. Schreibe in dein Übungsheft, wie die jeweils dargestellte Haltung von deinen Mitmenschen gedeutet wird. Kreise dann die Körperhaltungen ein, die du dir für ein Vorstellungsgespräch angewöhnen solltest.**

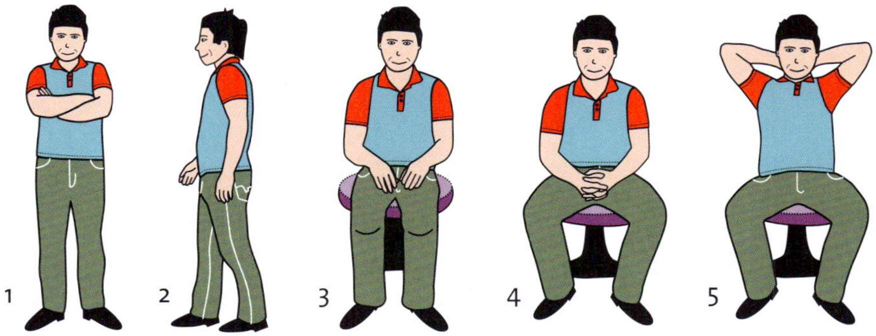

WISSEN

Gesprächsregeln beim Telefonieren
Es kann mehrere Gründe geben, telefonisch mit einem Betrieb Kontakt aufzunehmen. Auch beim Telefonieren gibt es Regeln, die du beachten solltest, damit das Telefonat ein Erfolg wird:

- **Notizzettel:** Schreibe dir, bevor du anrufst, einen Notizzettel mit allen wichtigen Fragen und Angaben, damit du nichts vergisst (1).
- **Einstieg ins Telefonat:** Nenne klar und deutlich deinen Namen und deine Schule. Frage nach dem Namen des Gesprächspartners und sprich ihn im Laufe des Gesprächs korrekt an (2).
- **Verlauf des Gesprächs:** Höre genau zu und lass deinen Gesprächspartner ausreden. Zeige Interesse und stelle Fragen. Frage nach, wenn du etwas nicht genau verstanden hast (3).
- **Abschluss des Telefonats:** Versuche, eine eindeutige Vereinbarung zu treffen, und bedanke dich für das Gespräch (4).

Du möchtest wissen, ob ein Betrieb Praktika anbietet:
(1) Name der Firma mit Telefonnummer, Name der Abteilung, mit der du verbunden werden möchtest (wahrscheinlich Personalabteilung – außer du hast eine direkte Durchwahl), Zeitraum des Schülerpraktikums sowie die Fragen, die du stellen möchtest
(2) „Guten Tag, mein Name ist Petra Pein von der Goethe-Schule in Astadt. Ich würde in Ihrem Betrieb gerne ein Schülerpraktikum machen und möchte mich erkundigen, ob dies möglich ist." – „Entschuldigen Sie bitte, ich habe Ihren Namen nicht richtig verstanden ... Das ist sehr nett von Ihnen, Frau Kleinbub, ..."
(3) „Entschuldigen Sie bitte, wie meinen Sie das genau?"
(4) „Darf ich Ihnen meine Unterlagen also umgehend zuschicken?" – „Vielen Dank für das Gespräch. Ich wünsche Ihnen noch einen schönen Tag, Frau Kleinbub. Auf Wiederhören."

ÜBUNG 11 Du möchtest dich telefonisch erkundigen, ob du bei einem Radiosender ein Schülerpraktikum machen kannst. Erstelle einen Notizzettel für deinen Anruf.

ÜBUNG 12 Nachdem du deinen Notizzettel angefertigt hast, nimmst du dir Zeit und rufst bei dem Radiosender an. Nach dreimaligem Klingeln meldet sich eine freundliche Frauenstimme: „Radiosender Gute-Laune-Musik, mein Name ist Schmitt, was kann ich für Sie tun?" Schreibe die Fortsetzung des Gesprächs in dein Übungsheft.

Check-up Sprechen

45 Minuten

AUFGABE 1 **Die unten stehenden Argumente sind durcheinandergeraten. Sie gehören zu drei verschiedenen Thesen.**
a) Finde die zusammengehörenden Argumente heraus und male sie in derselben Farbe an.
b) Formuliere dann je eine These in deinem Übungsheft.

1. ..., weil der Unterricht dadurch aktueller wird – Lehrer wie Schüler können sich sehr schnell über Tagesaktualitäten informieren.
2. ..., weil auch manche Eltern samstags arbeiten und sich nicht mehr um die Versorgung ihrer Kinder kümmern müssen.
3. ..., weil die Schüler über E-Mail und in den Chatrooms mit Schülern anderer Länder kommunizieren und so ihre Fremdsprache verbessern können.
4. ..., weil Jugendliche, die eine Aufgabe haben, nicht auf die „schiefe Bahn" geraten.
5. ..., weil öffentliche Angebote zunehmen würden.
6. ..., weil auch die Schule mit der Zeit gehen und sich den technischen Neuerungen stellen muss.
7. ..., weil viele Schüler am Wochenende nicht mehr aus Langeweile Dummheiten anstellen.
8. ..., weil der Unterricht an anderen Wochentagen zeitlich entlastet wird.
9. ..., weil Jugendliche dadurch verantwortungsbewusster und teamfähiger werden.

AUFGABE 2 **Finde die möglichen Sach- und Beziehungsebenen der folgenden Aussagen heraus und schreibe sie in dein Übungsheft.**

1. Iih, eine Spinne!
2. Oh, ist das ein süßer Hund.
3. Marc hat Lena gestern richtig fein zum Essen ausgeführt.
4. Der Kinofilm muss sehr lustig sein.
5. Ich esse gerne Pizza!

AUFGABE 3 **Löse das Kreuzworträtsel.**

1. Das wollen sich Unternehmen von dir in einem persönlichen Gespräch machen können.
2. Sammle so viele wie möglich über den Betrieb.
3. So telefonierst du: in ...
4. Achte bei einem Vorstellungsgespräch darauf, dass sie sauber und ordentlich ist.
5. Darüber solltest du dir zuallererst Gedanken machen.
6. Auch beim Telefonieren gelten sie.
7. Danach fragen Unternehmen in einem Gespräch gern.
8. Hier lassen sich wichtige Sachen schnell klären.
9. Auch danach fragen Unternehmen gern.
10. Das bekommst du, wenn du zu einem Vorstellungsgespräch darfst.

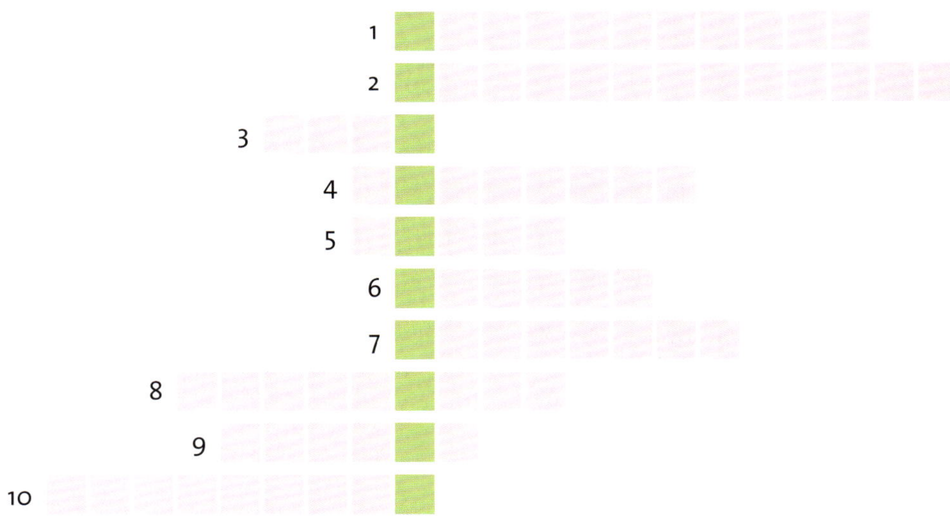

Lösungswort:

AUFGABE 4 **Sicher hast du schon eine Vorstellung von dem Beruf, den du ausüben möchtest. Schreibe fünf Gründe in dein Übungsheft, wieso du dich für diesen Beruf entschieden hast. Damit kannst du bei einem Vorstellungsgespräch punkten. Wenn du noch zwischen zwei Berufen schwankst, schreibe für jeden dieser Berufe fünf Gründe auf. Dies hilft dir bei der Entscheidung.**

2 Schreiben

2.1 Bewerbungsschreiben und Lebenslauf

Bewerbungsschreiben und Lebenslauf gehören zu den **formalisierten Textformen.** Beim Verfassen musst du vorgegebene Formen einhalten.	Bewerbungsschreiben – Lebenslauf – Geschäftsbrief – Protokoll
Aufbau eines **Anschreibens:** Am oberen Rand steht deine Adresse (1) sowie das Datum (2). Dann folgt die Adresse des Empfängers (3). Unter dem Empfängerfeld steht fett hervorgehoben die **Betreffzeile** (4), dann folgt die **Anrede** (5). In der **Einleitung** erläuterst du den Grund deines Schreibens (6). Dann stellst du dar, weshalb du den angestrebten Beruf erlernen möchtest (7), und beschreibst kurz deine momentane Situation (8). Nun folgt der **Schlusssatz** mit der Bitte um eine persönliche Vorstellung (9). Danach kommt die **Grußformel** (10) und deine Unterschrift (möglichst mit deinem getipptem Namen) sowie die Auflistung der Anlagen. Lege deinem Anschreiben Lebenslauf, Zeugnisse und Bescheinigungen über Praktika usw. bei.	(1) Verena Vorbild (2) 12.04.2006 Vorbildstr. 54 12345 Vorbildstadt (3) Kindergarten Sonnenschein Frau Frank ... (4) **Bewerbung um einen Ausbildungsplatz als Erzieherin** (5) Sehr geehrte Frau Frank, (6) in Ihrer Anzeige vom ... bieten Sie einen Ausbildungsplatz als Erzieherin an, um den ich mich bewerben möchte. (7) Ich gehe sehr gerne mit Kindern um, deshalb habe ich für mein Praktikum ein Kinderkrankenhaus gewählt ... (8) Zurzeit besuche ich die zehnte Klasse der ...-Schule in ... (9) Über eine Einladung zu einem persönlichen Vorstellungsgespräch würde ich mich sehr freuen. (10) Mit freundlichen Grüßen
Ein **Lebenslauf** listet in knapper, tabellarischer Form die persönlichen Daten (1), die Schulbildung (2), Angaben zum Praktikum (3), besondere Kenntnisse (4) und Hobbys (5) auf. Am Ende stehen Datum und Unterschrift (6).	(1) Name: Verena Vorbild Geburtsdatum: 15.12.1991 Staatsangehörigkeit: deutsch (2) 09.1997–08.2001 Grundschule ... (3) 02.2006 Praktikum in ... (4) Computer (Word), Spanisch (5) Gruppenleiterin in der KJG (6) 12.04.2006 Verena Vorbild

ÜBUNG 1 **Das Anschreiben von Svenja ist durcheinandergeraten. Ordne es, indem du die Zahlen von 1 bis 15 in die Kästchen schreibst.**

☐ Im Berufsinformationszentrum der Agentur für Arbeit in Sonnenstadt habe ich mich ausführlich über das Tätigkeitsfeld einer Steuerfachgehilfin informiert.

☐ Anlagen

☐ **Bewerbung um einen Ausbildungsplatz als Steuerfachgehilfin**

☐ Mit freundlichen Grüßen

☐ Zurzeit besuche ich die 10. Klasse der Realschule in Sonnenstadt, die ich im Sommer 2007 mit der Mittleren Reife beenden werde.

☐ Über eine Einladung zum Vorstellungsgespräch würde ich mich sehr freuen.

☐ Svenja Sonne
Sonnenstr. 2
103561 Sonnenstadt
Tel.: 01 23 / 45 67

☐ Sehr geehrte Damen und Herren,

☐ Da ich sehr gerne mit Daten und Zahlen umgehe, habe ich für mein zweiwöchiges Praktikum das Steuerbüro Mahnsache in Sonnenstadt gewählt. Dort habe ich einen Einblick in die Tätigkeiten einer Steuerfachgehilfin bekommen.

☐ Das hat mich in meinem Berufswunsch noch bestärkt.

☐ Svenja Sommer

☐ Steuerbüro Blitzgescheit
Finanzamtstr. 76
09876 Steuerdorf

☐ 29.10.2006

☐ In meiner Freizeit spiele ich aktiv Handball in der A-Jugend des TuS Sonnenstadt.

☐ in Ihrer Anzeige vom 28.10.2006 in der Tageszeitung Sonnenstadt bieten Sie einen Ausbildungsplatz zum Steuerfachgehilfen bzw. zur Steuerfachgehilfin an.

ÜBUNG 2 Schreibe einen eigenen Lebenslauf, indem du deine persönlichen Daten in die Vorlage einträgst.

Lebenslauf

Persönliche Daten

Name:

Vorname:

Geburtsdatum/-ort:

Staatsangehörigkeit:

Konfession:

Anschrift:

Telefon:

E-Mail:

Eltern:

Geschwister:

Schulbildung

Praktikum

Besondere Kenntnisse

Hobbys

WISSEN

Formale Vorgaben
Papier: weißes DIN-A4-Papier
Schriftarten und Schriftgröße: Arial 11pt oder Times New Roman 12pt
Schriftfarbe: schwarz
Ränder: links 2 cm, rechts 3 cm, oben 2 cm, unten 2 cm
Umschlag: etwas größer als DIN A4, ausreichend frankiert

ÜBUNG 3 **Tippe deinen Lebenslauf von Übung 2 mit den oben genannten formalen Vorgaben auf dem Computer und drucke ihn aus. Denke daran, handschriftlich das Datum und deine Unterschrift darunterzusetzen. Überlege, wo du dein Bewerbungsfoto anbringen müsstest.**

ÜBUNG 4 **Welche besonderen Kenntnisse und Hobbys wären bei der Bewerbung um die folgenden Ausbildungsberufe von Vorteil?**

1. Bankkauffrau/Bankkaufmann:
2. Mediengestalter/-in:
3. Erzieher/-in:
4. Sport- und Gymnastiklehrer/-in:
5. Konditor/-in:
6. Hotelfachmann/Hotelfachfrau:
7. Buchhändler/-in:
8. Tierarzthelfer/-in:

ÜBUNG 5 **Nun zu dir: Schreibe auf, welchen Ausbildungsberuf du erlernen möchtest. Überlege dann, welche besonderen Kenntnisse hierfür wichtig wären und auf welchem Weg du dir diese aneignen könntest.**

Mein Wunschberuf:

Besondere Kenntnisse:

So kann ich mir die Kenntnisse aneignen:

WISSEN

Einstellungstests
Wenn deine Bewerbung Interesse geweckt hat, ist es möglich, dass du zu einem Einstellungstest eingeladen wirst. Auf diese Tests kannst du dich vorbereiten.
Im Bereich **Sprache** geht es vor allem um
- Rechtschreibung,
- Zeichensetzung und
- Wortschatz.

Nach dem Test wird ein Termin für das persönliche Vorstellungsgespräch (↑ Kap. 1.2) vereinbart.

Rechtschreibung: Es wird geprüft, ob du die Groß- und Kleinschreibung sowie die fehlerfreie Schreibweise gleich klingender Laute beherrschst.

Zeichensetzung: Gefragt ist vor allem die richtige Kommasetzung.

Wortschatz: Aus einer Auswahl von Wörtern musst du Begriffe finden, die besonders gut oder nicht zu den anderen passen. Auch nach der Bedeutung von Fremdwörtern wird gefragt.

ÜBUNG 6 **Löse den Einstellungstest. Du hast sechs Minuten Zeit.**

1. Entscheiden Sie, ob die Wörter groß- oder kleingeschrieben werden. Streichen Sie dazu von den rot hervorgehobenen Buchstaben jeweils den falschen durch.

   a) Im G/großen und G/ganzen hat er sein M/möglichstes getan.
   b) Ich suche von den Angeboten das B/beste aus, alles Ü/übrige klären wir M/morgen.
   c) Er sieht dem D/dritten im Bunde zum V/verwechseln ähnlich.

2. Ergänzen Sie die Wörter, indem Sie „Wider“ oder „Wieder“ einsetzen.

   a) ______ hall
   b) ______ wille
   c) ______ holung

3. In dem folgenden Text fehlen die Kommas. Setzen Sie sie richtig ein.

   Es freut uns sehr dass Sie sich für unseren Betrieb entschieden haben und wir hoffen dass Sie der Einstellungstest nicht allzu sehr unter Stress setzt. Sie haben es fast geschafft denn diese Aufgabe ist eine der letzten. Zum Schluss wird noch ein Vorstellungsgespräch stattfinden das aber an einem anderen Tag sein wird.

4. Streichen Sie den Begriff, der nicht zu den anderen passt, durch.

   a) Begabung – Talent – Gnade – Aufmerksamkeit
   b) sachlich – individuell – persönlich – subjektiv
   c) Betrug – Unterschlagung – Schwindel – Fälschung – Trugschluss

2.2 Erörterung

Die Erörterung ist eine **schriftliche Form der Argumentation** (↑ Kap. 1.1).
Man unterscheidet zwischen **linearer** und **dialektischer Erörterung.**

Linear: Warum ist es sinnvoll, Werbung im Fernsehen zu verbieten?
Dialektisch: Sollte man Werbung im Fernsehen verbieten? Erörtere das Für und Wider.

Bei der **linearen (steigernden) Erörterung** wird nur die Darstellung einer Seite des Sachverhalts verlangt. Dies ergibt sich aus der Fragestellung (meistens W-Fragen). Es kann auch nach deiner eigenen Meinung gefragt werden, die du durch Argumente begründen und belegen musst.

Wieso verursachen Jugendliche häufig schwere Verkehrsunfälle?
Sollten Jugendliche schon mit 17 Jahren den Führerschein machen dürfen?

Aufbau:

- In der **Einleitung** beschreibst du das Thema. Um das Interesse des Lesers zu wecken, kannst du auf aktuelle Situationen, ein persönliches Erlebnis oder ein Zitat zurückgreifen.

Einer aktuellen Statistik kann man entnehmen, dass die meisten schweren Verkehrsunfälle von Jugendlichen verursacht werden. In der Schule machten wir uns Gedanken über die Ursachen. Diese möchte ich ...

- Im **Hauptteil** werden die Argumente dargelegt. Diese ordnest du vom weniger Wichtigen zum Wichtigsten. Jedes Argument setzt sich aus einer **Behauptung,** einer **Begründung** und einem **Beispiel** zusammen. Um ein Argument mit dem nächsten zu verknüpfen, formulierst du einen **Überleitungssatz.**

Jugendliche verursachen häufig schwere Verkehrsunfälle. Da sie erst seit Kurzem ihren Führerschein besitzen, sind sie noch nicht in der Lage, Geschwindigkeiten und Gefahren realistisch einzuschätzen. Ein korrektes Augenmaß und ein Gefühl für das Einschätzen von Geschwindigkeiten bilden sich erst nach einigen Jahren Fahrpraxis. Da diese bei Jugendlichen noch nicht vorhanden sind, starten sie gefährliche Überholvorgänge und riskieren auf diese Weise schwere Unfälle.
Doch dies ist nicht die einzige Ursache ...
Des Weiteren lässt sich sagen, dass ...

- Im **Schlussteil** fasst du die wesentlichen Argumente nochmals kurz zusammen. Um die Erörterung abzurunden, kannst du z. B. ein Fazit ziehen oder einen Ausblick geben.

Meines Erachtens ist das wichtigste Argument, dass ... Doch auch ...
Nachdem ich meine Argumente nun dargelegt habe, komme ich zu dem Schluss, dass ...

Bei der **dialektischen (kontroversen) Erörterung** werden zwei Positionen gegeneinander abgewogen.	
Aufbau: ■ Die **Einleitung** enthält die Ausgangsfrage.	In einer Fernsehsendung diskutierten Experten über die Frage, ob jeder Schüler einen Laptop besitzen sollte.
■ Im **Hauptteil** werden Pro und Kontra (Für und Wider) aufgeführt. Hierzu nennst du im ersten Teil die **Pro-Argumente** und im zweiten Teil die **Kontra-Argumente**. Auch hier setzen sich alle Argumente aus Behauptung, Begründung und Beispiel zusammen.	Ein Grund dafür ist, dass ... Manche sind auch der Meinung, dass ... Man kann aber auch eine andere Ansicht vertreten. Zum Beispiel ...
■ Im **Schlussteil** beziehst du Stellung und begründest deine Meinung.	Meines Erachtens ist es für Schüler nicht nötig, einen Laptop zu besitzen. Nicht nur, weil die Geräte sehr teuer sind und nicht alle Eltern in der Lage wären, ein solches anzuschaffen. Ich bin auch der Meinung, dass ...
Bei der **freien Erörterung** ist ein Thema als Frage gegeben. Der Verfasser setzt sich in **linearer** oder **dialektischer** Form mit dem Sachverhalt auseinander.	*Linear:* Wieso sollte die Wehrpflicht abgeschafft werden? *Dialektisch:* Sollte die Wehrpflicht abgeschafft werden? Erörtere das Für und Wider.
Bei der **textgebundenen Erörterung** setzt man sich argumentativ mit dem Inhalt eines Textes auseinander. Dies ist sowohl **linear** als auch **dialektisch** möglich.	*Linear:* Erörtere auf der Grundlage des vorliegenden Textes, wieso die Wehrpflicht abgeschafft werden sollte. *Dialektisch:* Erörtere auf der Grundlage des vorliegenden Textes, ob die Wehrpflicht abgeschafft werden sollte.
Aufbau: ■ In der **Einleitung** beschreibst du die Textvorlage (Titel, Verfasser, Textart) und benennst das Problem. Dann gibst du die Position des Autors wieder.	Im Zeitungsbericht „Abschaffung der Wehrpflicht?“ stellt Werner Wehrmann die Frage, ob die allgemeine Wehrpflicht abgeschafft werden sollte.
■ Im **Hauptteil** beschreibst du die Argumentation des Verfassers und setzt dich kritisch damit auseinander.	Der Autor beleuchtet in seinem Artikel das Für und Wider. Auf der einen Seite ist er der Meinung, dass ... Andererseits vertritt er aber auch die Position, dass ...
■ Im **Schlussteil** bewertest du die Argumentation und gibst eine eigene Stellungnahme zu dem Problem ab.	Meiner Ansicht nach ist es dem Verfasser sehr gut gelungen, beide Positionen darzulegen. Der Artikel hat mich zum Nachdenken gebracht. Ich persönlich bin der Meinung, dass ...

ÜBUNG 7 **Unterstreiche die Themen rot, die linear erörtert werden sollen, und die Themen grün, die dialektisch erörtert werden sollen.**

1. Wieso interessieren sich viele Jugendliche nicht für Politik?
2. Sollten Eltern auf die Freizeitgestaltung ihrer Kinder Einfluss nehmen – ja oder nein?
3. Sollte man Werbung im Fernsehen verbieten? Erörtere das Für und Wider.
4. Sollte die Wehrpflicht/der Zivildienst auch für Mädchen eingeführt werden?
5. Weshalb sollte man seine Berufswahl sehr sorgfältig angehen?
6. Erörtere die Frage, ob jeder Schüler einen Nebenjob ausüben sollte.
7. Warum sind viele Jugendliche heutzutage gepierct oder tätowiert?
8. Ist eine Wahlberechtigung schon mit 16 Jahren sinnvoll?
9. Was können wir gegen die zunehmende Fremdenfeindlichkeit tun?
10. Sollte jeder Schüler einen Internetzugang besitzen? Erörtere das Für und Wider.

ÜBUNG 8 **Thema: „Nahezu jeder Jugendliche besitzt ein Handy. Erörtere die Vor- und Nachteile." Dazu findest du unten vier Pro- und vier Kontra-Argumente in Stichworten. Kreuze jeweils das zutreffende Kästchen an.**

	Pro	Kontra
1. Kontrolle der Eltern über Aufenthalt ihrer Kinder	☐	☐
2. Kostenfalle	☐	☐
3. Notfälle	☐	☐
4. Zeit sparend	☐	☐
5. Mediensucht	☐	☐
6. Verfall der Rechtschreibung	☐	☐
7. Kostengünstiges Wählen bestimmter Rufnummern	☐	☐
8. Jugendgefährdende Inhalte	☐	☐

ÜBUNG 9 **Formuliere die Argumente in Übung 8 aus. Schreibe sie, getrennt nach Pro und Kontra sowie geordnet vom weniger wichtigen zum wichtigsten Argument, in dein Übungsheft.**

ÜBEN

ÜBUNG 10 Schreibe zu deinen zwei wichtigsten Pro- und Kontra-Argumenten aus Übung 9 je eine Behauptung, eine Begründung und ein Beispiel in die Tabelle.

Pro-Argumente:

Behauptung	Begründung	Beispiel

Kontra-Argumente:

Behauptung	Begründung	Beispiel

ÜBUNG 11 Welchen Einleitungssatz zum Thema „Nahezu jeder Jugendliche besitzt ein Handy. Erörtere die Vor- und Nachteile." findest du besonders passend? Kreuze an und begründe.

- ☐ Gestern erzählte mir meine Freundin, dass sie sich ein neues Handy gekauft hat.
- ☐ Vor Kurzem veröffentlichte das Landesamt für Datenverarbeitung und Statistik in Nordrhein-Westfalen eine Erhebung, aus der hervorgeht, dass neun von zehn Jugendlichen im Alter von 14 bis 17 Jahren ein Handy besitzen.
- ☐ Ich frage mich schon lange, wieso nahezu alle Jugendlichen so wild auf ein Handy sind.
- ☐ Letzte Woche nahm unser Klassenlehrer einem Mitschüler das Handy weg, weil es während der Stunde geklingelt hatte.

Begründung:

ÜBUNG 12 Formuliere einen Schluss zur Erörterung „Nahezu jeder Jugendliche besitzt ein Handy. Erörtere die Vor- und Nachteile." und schreibe diesen in dein Übungsheft.

ÜBUNG 13 **Lies den Text mit dem Thema „Was macht das Fernsehen aus unseren Kindern?“ aufmerksam durch und markiere wichtige Stellen.**

40 Prozent der Kinder besitzen einen eigenen Fernseher. Fernsehen ist für Kinder und Jugendliche häufig die wichtigste Freizeitbeschäftigung. Selbst die Sonne, die zum Spielen in der Natur auffordert, kann die auf den Bildschirm gebannten Blicke der Kinder nicht auf sich lenken. Die Vielseher unter ihnen sitzen täglich mehrere Stunden davor. Sie verbringen mehr Zeit vor dem Fernseher als in der Schule. Doch wo bleiben da die Freunde? Die sitzen daneben.
Erzieherinnen beschreiben Kinder, die besonders lange vor dem Fernseher sitzen, als aggressiv, fantasiearm und träge. Die Gründe liegen auf der Hand: Ein Buch zu lesen fördert die Fantasie, sich neue Spiele auszudenken ebenso. Das Fernsehen dagegen lähmt die Vorstellungskraft: So viele tolle Bilder, wie das Fernsehen anbietet, kann man sich selbst gar nicht ausdenken – muss man ja auch nicht.
Mit der Trägheit geht auch das steigende Übergewicht der Kinder einher. Sämtliche Institutionen schlagen schon Alarm. Natürlich – seine Freizeit sitzend auf dem Sofa zu verbringen ist nun nicht gerade sportlich und verbrennt kaum Kalorien. Noch dazu, wenn die Fernsehknabbereien aus dem Vorratsschrank geholt werden: Chips, Schokolade, Kuchen, Gummibärchen – wobei Letztere noch die kalorienärmsten sind. Doch wie wäre es mit Apfel, Banane oder Orange? Schon einmal ein Kind gesehen, das Trauben knabbernd vor dem Fernseher saß? Mit Mineralwasser in der Hand? So etwas gibt es noch nicht einmal in der Werbung.
Doch viel beunruhigender ist die Zunahme der Aggressivität und Gewaltbereitschaft unter Kindern, die viel fernsehen. Fernsehen stumpft ab. Wer täglich 20 Liter Blut spritzen sieht, kann sich in keinen Gleichaltrigen, der aus einer eingeschlagenen Nase blutet, mehr einfühlen. Dazu kommt: Gewalt ist cool. Sind nicht häufig die gewaltbereiten Männer die tollen im Fernsehen?
Wer sich schon einmal nachmittags eine der vielen Talkshows angesehen hat – zehn Minuten reichen – wundert sich über den Ton, den Jugendliche untereinander, gegenüber Erwachsenen und Lehrern anschlagen, nicht mehr. „Blöde Kuh“ gehört hier zum Begrüßungsvokabular.
Aber was tun? Alle Fernseher bei der nächsten Schrottsammlung auf den Gehweg stellen?
Nein, das wäre der falsche Weg. Kontrolliertes Fernsehen ist die Lösung. Die Fernseher aus dem Kinderzimmer verbannen. Eine Fernsehzeit ausmachen und Filme, die sich die Kinder ansehen wollen, gemeinsam auswählen. Und zu guter Letzt: interessante Alternativprogramme anbieten. Sport, raus in die Natur, Brettspiele mit der Familie und mit Freunden. Dann kann man auch abends mal die Glotze anschalten – für einen Tierfilm, versteht sich.

(Karla Kommentar)

WISSEN +

Schritt für Schritt zur textgebundenen Erörterung
Bei der Arbeit an einer textgebundenen Erörterung ist es wichtig, dass du den Text mindestens zweimal ganz genau durchliest. Schlage unbekannte Wörter nach. Zentrale Aussagen des Textes kannst du mit einem Textmarker hervorheben. Beantworte dann für dich folgende **Fragen:**

- Worum geht es in dem Text (Thema)?
- Welche Position vertritt der Autor (These)?
- Welche Argumente werden angeführt?
- Um welche Textart handelt es sich?

Bilde dir anschließend eine **eigene Meinung** zu dem Thema und schreibe Argumente auf, die deine Meinung stützen. Hierbei können weitere Texte und Informationen hilfreich sein.

ÜBUNG 14 Beantworte die Fragen zum Text aus Übung 13 in deinem Übungsheft.

ÜBUNG 15 Mit welchen Argumenten wird die These des Textes aus Übung 13 belegt? Schreibe sie in dein Übungsheft.

ÜBUNG 16 Wie ist deine Meinung zum Thema „Was macht das Fernsehen aus unseren Kindern?“? Schreibe sie auf und begründe sie.

ÜBUNG 17 Schreibe eine vollständige textgebundene Erörterung in dein Übungsheft. Erörtere auf der Grundlage des Textes „Was macht das Fernsehen aus unseren Kindern?“ aus Übung 13, ob zu viel Fernsehen für Kinder schädlich ist.

2.3 Textinterpretation

Die **Textinterpretation** beinhaltet die Wiedergabe des **Textinhalts** (Inhaltsangabe), die Beschreibung der **Darstellungsmittel** sowie die Beschreibung des **Zusammenhangs** zwischen Inhalt und Darstellungsmitteln.

Aufgabenstellung:
Analysiere das vorliegende Gedicht. Achte dabei besonders auf den Zusammenhang zwischen Inhalt und sprachlichen Stilmitteln.

Bei der Interpretation **lyrischer Texte** geht es in erster Linie um die Beziehung zwischen der sprachlichen Form und dem Inhalt des Textes.
Interpretiert man **dramatische Texte,** dann legt man Wert auf die Darstellung der Personenkonstellation und der Charakterisierung einer handelnden Person. Bei der Interpretation **erzählender Texte** werden Erzählperspektive, Erzählverhalten und Erzähltechnik analysiert.

Der Textinterpretation liegt ein festes **Gliederungsschema** zugrunde. Dieses ist prinzipiell auf jeden Text anwendbar, muss aber dessen Besonderheiten berücksichtigen:

1. Einleitung (Inhaltsangabe)
1.1 Angaben zu Textart, Titel, Autor und Thema
1.2 Kurze Wiedergabe des Inhalts
2. Hauptteil
2.1 Darstellungsmittel
2.1.1 Äußere (optische) Form
2.1.2 Innere Form (Reim, Metrum)
2.1.3 Wer spricht im Text (Perspektive) und/oder wer wird angesprochen?
2.1.4 Sprachliche Bilder und stilistische Figuren
2.2 Zusammenhang zwischen Inhalt und Darstellungsmitteln
3. Schluss
3.1 Aussageabsicht des Verfassers
3.2 Stellungnahme zum Inhalt oder zu einzelnen Aussagen

(1.1) Das Gedicht „Das Gebet" von Christian Morgenstern handelt von betenden Rehlein.
(1.2) Die kleinen Rehe zählen die Stunden von halb acht bis Mitternacht, um dann selig einzuschlafen. Das Zählen der Stunden wird von Morgenstern als „Gebet" bezeichnet.
(2.1.1) Das Gedicht besteht aus elf Versen. Die ersten zwei sowie die letzten vier Verse sind als je eine Strophe dargestellt. In der Mitte des Gedichts stehen fünf Verse alleine. Der Dichter hat diese Einzelverse optisch hervorgehoben, indem er jeweils davor und danach zwei Leerzeilen gesetzt hat.
(2.1.2) Ein Reimschema besteht nur bei der ersten und letzten Strophe. Hier handelt es sich um einen Paarreim. Das Versmaß in diesem Gedicht ist der Trochäus.
(2.1.3) Der Dichter erzählt eine kurze Geschichte über die Rehlein. Er taucht als Person aber nicht auf.
(2.1.4) Im vorliegenden Gedicht finden sich Personifikation (die Rehlein beten) sowie Anaphern („Halb neun! Halb zehn!").
(2.2) Inhalt: Rehlein zählen die Stunden bis Mitternacht, die Zeit vergeht langsam. Darstellungsmittel: Die Stunden sind optisch durch Leerzeilen abgesetzt. Durch das Ausrufezeichen am Ende wirken sie wie Glockenschläge.
(3.1) Die Nacht und die Tiere sind personifiziert. Morgenstern möchte mit dem Gedicht aussagen, dass die Menschen die

WISSEN

Merke: Um Texte besser verstehen zu können, hilft es, Informationen über den **Autor** und die **Entstehungszeit** zu sammeln.	schutzbedürftigen Rehlein sind, die aber nicht verzagen, weil sich die schützende Gottheit als tiefe Nacht um die Menschen legt und sie behütet. (3.2) Ich finde das Gedicht ...
Wichtige Textstellen werden unverändert als **Zitate** (↑ Kap. 7.1) übernommen.	Mit dem Vers „Sie falten die kleinen Zehlein" möchte der Dichter ausdrücken, dass ...
Erzählperspektive: Bei der **Ich-Perspektive** erzählt eine Person, die selbst am Geschehen beteiligt ist/war. Bei der **Er-/Sie-Perspektive** hat der Erzähler Abstand zum Geschehen.	Heute morgen, als ich aus dem Fenster schaute, ... Es war früh am Morgen, als sie aus dem Fenster schaute und sah, dass ...
Sprachliche Bilder und stilistische Figuren: ■ **Vergleich:** stellt Beziehung her ■ **Metapher:** Wörter werden in einer übertragenen Bedeutung verwendet. ■ **Personifikation:** Dingen oder Tieren werden menschliche Verhaltensweisen zugeordnet. ■ **Anapher:** Wiederholung desselben Wortes am Satzanfang ■ **Allegorie:** Veranschaulichung eines abstrakten Begriffs durch ein Bild	 schlau **wie** ein Fuchs Mich erfüllt ein **Wirbelsturm!** Die **Rehlein beten.** „**Halb** neun! **Halb** zehn! **Halb** elf!" „Gerechtigkeit" als Frau mit verbundenen Augen und Waage in der Hand
Gedichte lassen sich anhand ihrer Themen unterteilen: ■ **Liebeslyrik:** Beschreibung von Gefühlen in einer bestehenden oder bereits beendeten Liebesbeziehung ■ **Naturlyrik:** Beschreibung von Naturerscheinungen ■ **Großstadtlyrik:** Erfahrungen von Menschen, die in einer Großstadt leben oder arbeiten ■ **Erlebnislyrik:** Verarbeitung von persönlichen Erlebnissen des Dichters ■ **Politische Lyrik:** Stellungnahme zur Politik	 Erich Fried: „Was es ist" Hermann Hesse: „September" Kurt Tucholsky: „Augen in der Großstadt" Johann Wolfgang von Goethe: „Mailied" Erich Fried: „und Vietnam und"

ÜBUNG 18 **Ordne die Gedichte anhand des Titels zu, indem du mit Linien verbindest.**

1. „Reiterlied“ (Friedrich Schiller)
2. „Sachliche Romanze“ (Erich Kästner)
3. „landessprache“ (Hans Magnus Enzensberger)
4. „Die Stadt“ (Theodor Storm)
5. „Magie der Farben“ (Hermann Hesse)
6. „Reiselied“ (Hugo von Hofmannsthal)
7. „Ich liebe dich“ (Christian Morgenstern)
8. „Willkommen und Abschied“ (Johann Wolfgang von Goethe)
9. „Hiroshima“ (Marie Luise Kaschnitz)
10. „Herbsttag“ (Friedrich Hebbel)
11. „Wie du solltest geküsst sein“ (Erich Fried)
12. „Der Mohn“ (Ludwig Uhland)
13. „Chicago“ (Karl Sandberg))
14. „Fragen in Israel“ (Erich Fried)
15. „Der Gott der Stadt“ (Georg Heym)

Liebeslyrik

Naturlyrik

Großstadtlyrik

Erlebnislyrik

politische Lyrik

ÜBUNG 19 **Lies dir das Gedicht „Gefunden“ von Johann Wolfgang von Goethe gut durch. Worum geht es hier? Vervollständige die Mindmap auf S. 29.**

Gefunden

Ich ging im Walde
So für mich hin,
Und nichts zu suchen,
Das war mein Sinn.

Im Schatten sah ich,
Ein Blümchen stehn,
Wie Sterne leuchtend,
Wie Äuglein schön.

Ich wollt es brechen,
Da sagt' es fein:
Soll ich zum Welken
Gebrochen sein?

Ich grubs mit allen
Den Würzlein aus,
Zum Garten trug ichs
Am hübschen Haus.

Und pflanzt es wieder
Am stillen Ort;
Nun zweigt es immer
Und blüht so fort.

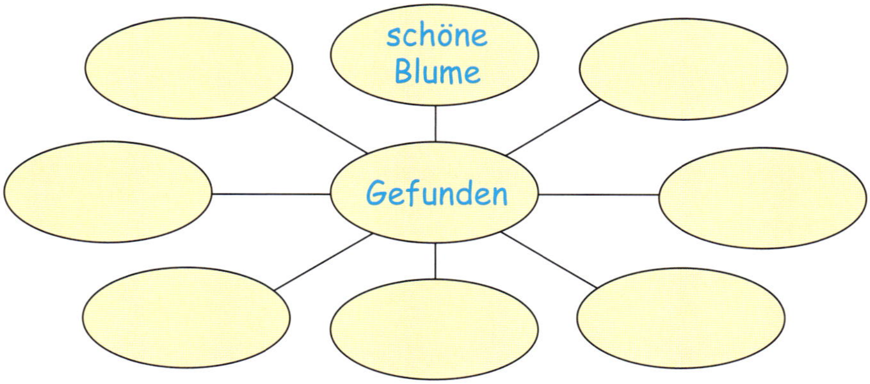

WISSEN +

Reimschema (Endreim):

- **Paarreim:** aabbcc
- **Kreuzreim:** abab
- **umarmender Reim:** abba
- **Schweifreim:** aabccb

Metrum (Hebung und Senkung):

- **Jambus:** unbetont – betont
- **Trochäus:** betont – unbetont
- **Daktylus:** betont – unbetont – unbetont
- **Anapäst:** unbetont – unbetont – betont

„Ein Maler kühlte sein Gelüst
und malte in der Apsis **Grund**
den Teufel wüst wie einen **Hund.**
Da stieß ihn dieser vom Gerüst."
(Christian Morgenstern: „Der Maler")

Reimschema: abba = umarmender Reim
Metrum: Jambus

ÜBUNG 20 **Wende dich nun den Darstellungsmitteln des Gedichts „Gefunden" aus Übung 19 zu, indem du die Felder ausfüllst.**

1. Anzahl Strophen:
2. Metrum:
3. Erzählperspektive:
4. Auffälligkeiten im Satzbau?
5. Besonderheit in äußerer Form?
6. Zeichensetzung:
7. Anzahl Verse:
8. Reimschema:

ÜBUNG 21 **Welche sprachlichen Bilder werden in dem Gedicht „Gefunden“ verwendet?**

ÜBUNG 22 **Ordne die Darstellungsmittel nach der Reihenfolge in der Gliederung (↑ S. 26). Schreibe sie als zweiten Gliederungsabschnitt nummeriert in dein Übungsheft. Ergänze dabei die sprachlichen Bilder um je ein Beispiel.**

ÜBUNG 23 **Lies die folgende Hintergrundinformation über die damalige Zeit, auf die Goethe das Gedicht „Gefunden“ aus Übung 19 bezieht (1788). Kannst du nun erklären, was der Dichter in seinem Gedicht ausdrücken möchte?**

Goethe lernte seine spätere Frau Christiane Vulpius (s. Abb.) im Jahre 1788 kennen. Fünfzehn Jahre danach schrieb er das Gedicht „Gefunden“. Dass Goethe sich damals in Christiane verliebte, sorgte für bösen Klatsch und Tratsch in der Weimarer Hofgesellschaft. Christiane war nämlich ein Mädchen aus sehr einfachem Hause, eine Blumenbinderin, während Goethe dem Adelsstand angehörte. Doch auch für Christiane war es nicht einfach. Sie hatte Angst, dass Goethe ihre Beziehung nur als Spiel betrachten könnte und sie schnell wieder verlassen würde. Außereheliche Affären waren damals für die Frau sehr rufschädigend. Achtzehn Jahre lang lebten sie in Goethes Haus zusammen, ohne verheiratet zu sein. Sie hatten mehrere Kinder miteinander. Erst dann heirateten sie.

ÜBUNG 24 **Übertrage die Bedeutung des Gedichts nun auf die Situation zwischen Goethe und Christiane (s. Übung 23). Schreibe zu den rot gedruckten Wörtern, was Goethe damit gemeint haben könnte. Die Fragen helfen dir dabei.**

Gefunden

1. Wen?

Ich ging im Walde
So für mich hin,
Und nichts zu suchen,
Das war mein Sinn.

Im Schatten sah ich,
Ein Blümchen stehn,
Wie Sterne leuchtend,
Wie Äuglein schön.

2. Wer ist gemeint?

Ich wollt es brechen,
Da sagt' es fein:
Soll ich zum Welken
Gebrochen sein?

3. Wovor hat sie Angst?

4. Was würde passieren?

Ich grubs mit allen
Den Würzlein aus,
Zum Garten trug ichs
Am hübschen Haus.

5. Was macht Goethe mit ihr?

Und pflanzt es wieder
Am stillen Ort;
Nun zweigt es immer
Und blüht so fort.

6. Wofür steht dieser Ausdruck?

7. Was könnte das bedeuten?

ÜBUNG 25 **Formuliere den Zusammenhang zwischen Inhalt und Darstellungsmitteln als Punkt 2.2 deiner Gliederung aus. Verwende dabei deine Ergebnisse aus den Übungen 20, 21 und 24. Schreibe in dein Übungsheft.**

ÜBUNG 26 **Nimm Stellung zum Gedicht „Gefunden" von Johann Wolfgang von Goethe.**

2.4 Kreatives Schreiben

Jeder Autor arbeitet **kreativ:** Zu Beginn seiner Arbeit ist das Blatt leer und danach ist es beschrieben. Kreativität kann man lernen. **Kreatives Schreiben** auch. Am einfachsten ist es, wenn du dich von etwas inspirieren lässt: von einem Bild, einer Situation, einem Text. Schreibe alles auf, was dir dazu einfällt, z. B. in einer Mindmap.

Inspiration: Heute morgen aus dem Fenster geschaut. Es war noch dunkel und sehr neblig.

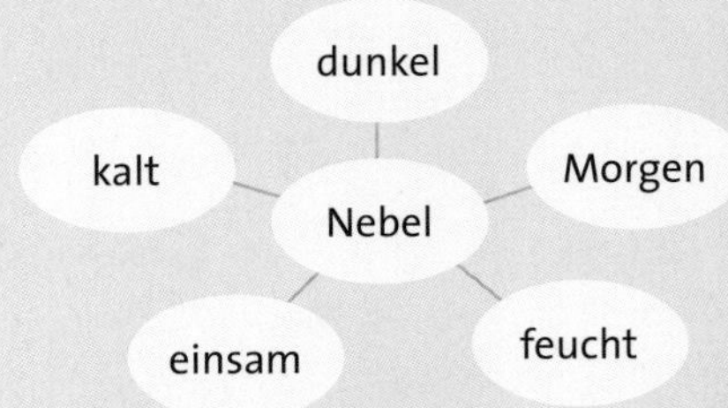

Zum kreativen Schreiben zählt auch das **Umarbeiten von literarischen Textvorlagen:**

- aus einem Gedicht eine Geschichte schreiben (1),
- eine Geschichte in ein Theaterstück umwandeln (2),
- zu einer Geschichte einen anderen Ausgang erfinden (3),
- ein Gedicht ergänzen (4) oder
- ein Parallelgedicht schreiben (5).

Wichtig ist hier, dass du die Merkmale der Textsorte, in die die Ausgangstexte umgewandelt werden, beachtest.

(1) Den Inhalt ausschmücken und in Textform schreiben
(2) Auch Personen, die in der Geschichte nicht zu Wort kommen, Texte in den Mund legen
(3) Ein Happy End zu einer traurigen Geschichte oder umgekehrt schreiben
(4) Das Originalgedicht um weitere passende Wörter ergänzen, z. B. Adjektive
(5) Den Aufbau des Gedichts übernehmen, aber einen anderen Inhalt wählen

---

Möglichkeiten des kreativen Schreibens **ohne Textvorlage:**

- anstelle eines anderen Tagebuch schreiben,
- sich eine Geschichte zu einem Werbeplakat ausdenken,
- sich gedanklich in die Zukunft versetzen und aufschreiben, was man vor seinem inneren Auge sieht,
- einfach anfangen zu schreiben; wenn dir nichts einfällt, schreibst du, bis dir Ideen kommen,
- Gegenstände erzählen lassen.

Was denkt dein Lehrer wohl über die heutige Unterrichtsstunde?
Was macht die Frau, nachdem sie ihr beworbenes Eis gegessen hat?
Wie sieht dein Haus oder deine Schule im Jahre 3015 aus? Was machen deine Freunde?
Mir fällt nichts ein, ich hab keine Idee – so langweilig heute ...

Was würde dir dein Schreibtisch wohl erzählen, wenn er könnte?

ÜBUNG 27 Was empfindest du beim Betrachten dieses Bildes? Schreibe deine Gedanken spontan auf.

ÜBUNG 28 Welchen Eindruck macht das Bild auf dich und welche Stimmung löst es bei dir aus? Sammle möglichst viele treffende Adjektive.

ÜBUNG 29 Formuliere aus deinen Gedanken von Übung 27 und den Adjektiven aus Übung 28 eine kurze Geschichte oder ein Gedicht. Schreibe in dein Übungsheft.

ÜBUNG 30 **Erarbeite ein kurzes Gedicht, das aus elf Wörtern besteht, die auf fünf Zeilen verteilt sind (= Elfchen). Beachte dabei die Vorgaben und schreibe das Gedicht in die Felder!**

1. Zeile, 1 Wort:	eine Farbe
2. Zeile, 2 Wörter:	ein Gegenstand, der diese Farbe hat
3. Zeile, 3 Wörter:	etwas, das der Gegenstand tut oder wo er sich befindet
4. Zeile, 4 Wörter:	Erzähle mehr über diesen Gegenstand.
5. Zeile, 1 Wort:	ein Abschlusswort über den Gegenstand

ÜBUNG 31 **Lies das Gedicht „Der Seehund" von Christian Morgenstern durch. Schreibe darunter ein ähnliches Gedicht mit dem Inhalt, dass du deine Hausaufgaben vergessen hast. Manche Wörter kannst du übernehmen.**

Der Seehund

Der Seehund sah mich aus Augen an,
dass ich ihn nicht vergessen kann,
so menschlich war sein Blicken.
Ich fühlte trauernd: Halbbruder Tier,
kein Wörtchen Liebe kann ich dir
nur höchstens – Fische schicken.

ÜBUNG 32 **Wo könnte der Dichter des Gedichts aus Übung 31 dem Seehund wohl begegnet sein? Überlege dir fünf Fragen zum Gedicht, die du dem Dichter stellen würdest.**

ÜBUNG 33 **Beantworte deine Fragen aus Übung 32 selbst. Schreibe aus den Antworten eine Erzählung auf dem Computer und drucke sie aus.**

ÜBUNG 34 **Lies die folgende Fabel durch. Gestalte den Hauptteil aus, indem du Dialoge schreibst: Wie bringt der Löwe die Stiere dazu, sich zu entzweien? Was sagt er?**

Drei Stiere und der Löwe (nach Äsop)

Drei Stiere schlossen miteinander ein Bündnis, jede Gefahr auf der Weide mit vereinten Kräften abzuwehren; so vereinigt, trotzten sie sogar dem Löwen, dass dieser sich nicht an sie wagte. Als den Löwen eines Tages der Hunger arg plagte, stiftete er Uneinigkeit unter ihnen. Die Stiere trennten sich, und nach nicht acht Tagen hatte er alle drei, jeden einzeln, angegriffen und verzehrt.
Eintracht gibt Stärke, Zwietracht bringt Schwäche und Verderben.

Löwe macht sich an Stier 1 heran:

Stier 1:

Löwe:

Stier 1:

Einige Zeit später – Löwe macht sich an Stier 2 heran:

ÜBUNG 35 **Schreibe die Fabel um: Die Stiere werden nicht gefressen. Welche Möglichkeiten gibt es hierzu? Schreibe in dein Übungsheft.**

Check-up Schreiben

90 Minuten

AUFGABE 1 **Was gehört in einen Lebenslauf? Kreuze Richtiges an und streiche Unwichtiges durch.**

- Hobbys
- Sebastian Schlauer
- zurzeit Single
- mag keine Pizza
- Schulbildung
- 03.2006 Polizei in Schlaudorf
- deutsch
- Geburtsdatum
- Mitglied im Fanclub von Schlagersänger Pipo
- Sebastian Schlauer
- Eltern
- Chat-Name: Trinkweltmeister
- Besondere Kenntnisse
- Geschwister: Gott sei Dank keine

AUFGABE 2 **Bringe die angekreuzten Inhalte von Aufgabe 1 in die richtige Reihenfolge. Schreibe mit diesen Angaben einen vollständigen Lebenslauf auf dem Computer. Fehlende Angaben darfst du dir selbst ausdenken. Beachte beim Schreiben die formalen Vorgaben!**

AUFGABE 3 **Verfasse auf diese Anzeige ein Anschreiben. Schreibe es auf dem Computer und halte dabei die formalen Vorgaben ein.**

Gemeindebank Bilzdorf

Wir suchen zum 01.09.2007

eine Auszubildende/einen Auszubildenden zur Bankkauffrau/zum Bankkaufmann.

Richten Sie bitte Ihre Bewerbung mit den üblichen Unterlagen an:
Gemeindebank Bilzdorf, Personalabteilung, Gemeindestr. 45, 12345 Bilzdorf

TESTEN

AUFGABE 4 **Fülle die Lücken aus.**

1. Die Erörterung ist eine schriftliche Form der ______________ .
2. Man unterscheidet zwischen ______________ und ______________ Erörterung.
3. Bei der linearen Erörterung, auch ______________ Erörterung genannt, wird nur ______________ des Sachverhalts erörtert.
4. Dies ergibt sich aus der ______________ .
5. Bei der dialektischen Erörterung, auch ______________ Erörterung genannt, werden ______________ gegeneinander abgewogen.
6. Hierzu werden im Hauptteil die ______________ genannt.
7. Im Schlussteil ______________ .
8. Bei der ______________ Erörterung ist ein Thema als Frage gegeben.
9. Der Verfasser setzt sich in ______________ oder ______________ Form mit dem Sachverhalt auseinander.
10. Bei einer ______________ Erörterung setzt man sich auf der Grundlage eines Textes mit dem Thema auseinander.
11. Dies kann sowohl linear als auch ______________ geschehen.

AUFGABE 5 **Formuliere je zwei Aufgabenstellungen zu den folgenden Themen, die zum einen eine lineare und zum anderen eine dialektische Form der Bearbeitung verlangen.**

Ganztagsschule

Taschengeld

Familienausflüge

Jugendstraftaten

AUFGABE 6 **Suche eines der Themen von Aufgabe 5 aus und entscheide dich für die lineare oder dialektische Form der Erörterung. Finde vier Argumente, die du ausführlich in Behauptung, Begründung und Beispiel darlegst. Schreibe in dein Übungsheft.**

AUFGABE 7 **Deute die rot hervorgehobenen Aussagen. Die Fragen in Klammern helfen dir dabei. Beschreibe dann, welche Stimmung das Gedicht bei dir erzeugt. Benutze dein Übungsheft.**

Septembermorgen (Eduard Mörike)

Im **Nebel ruhet noch die Welt,**	(1. Tageszeit?)
Noch **träumen** Wald und Wiesen:	(2. Stimmung?)
Bald siehst du, wenn der **Schleier fällt,**	(3. Was bedeutet das?)
Den blauen Himmel **unverstellt,**	(4. Tageszeit?)
Herbstkräftig die gedämpfte Welt	(5. Wie kann man sich das vorstellen?)
In **warmem Golde** fließen.	(6. Welche Farben sind gemeint?)

AUFGABE 8 **Beschreibe die Darstellungsmittel des Gedichts aus Aufgabe 7 in Stichworten. Die Stichworte unten helfen dir dabei. Schreibe sie mit einer Gliederung dieses Teils in dein Übungsheft.**

- Reim
- Erzählperspektive
- Metrum
- sprachliche Bilder
- äußere Form
- stilistische Figuren

AUFGABE 9 **Erweitere das Gedicht, indem du passende Wörter einbaust.**

____ Septembermorgen ____

Im ____ Nebel ____ ruhet ____ noch die ____ Welt,

Noch ____ träumen ____ Wald ____ und ____ Wiesen:

Bald siehst ____ du, wenn ____ der ____ Schleier ____ fällt,

Den ____ blauen ____ Himmel ____ unverstellt,

____ herbstkräftig ____ die ____ gedämpfte ____ Welt

____ in ____ warmem ____ Golde ____ fließen.

3.1 Literatur des Barock

Der Begriff **Barock** bezeichnet den **Kunststil des 17. Jahrhunderts,** der sich über Europa verbreitete: die Kunst der Gegenreformation und des Absolutismus. Eine ausgeprägte Bildhaftigkeit sowie die übersteigerte Darstellung sind Kennzeichen dieser Epoche.	*Literatur:* Johann Jakob Christoffel von Grimmelshausen – Andreas Gryphius *Malerei:* Peter Paul Rubens – Rembrandt *Musik:* Johann Sebastian Bach
Die **Gegensätzlichkeit** dieses Zeitalters (↑ S. 42) ist das vorherrschende Prinzip in der **Literatur des Barock.** Dieses äußert sich auf der einen Seite in Skepsis, Todesangst und Weltverneinung und gleichzeitig auf der anderen Seite in einer gesteigerten Lebensgier und Weltzuwendung.	„Runda ihr liebsten Brüder mein / Wir müssen einmal lustig seyn / Wir wollen hegen frischen Muht / Allzeit studiren / ist nicht gut ..." (Ernst Christoph Homburg: „Schmaus-Lied")
Stets **wiederkehrende Motive** sind die Gegensätze Diesseits und Jenseits, Spiel und Ernst, Vergänglichkeit alles Irdischen und himmlische Seligkeit zu Gott. Sehr verbreitet ist hierbei das **Vanitas-Motiv:** die Darstellung der Vergänglichkeit des Lebens (Symbole: Totenschädel, verwelkte Blume, erlöschende Kerze).	„GOTT du bist mein GOTT. bistu mein GOtt? Gott du bist mein. Du GOtt bist mein. Mein GOTT bist DU. ..." (Johann Caspar Schade)
Die Hauptformen des **Romans** bilden der höfisch-historische Roman, der in adligen Kreisen sehr beliebt war, sowie der Schelmenroman.	*Historischer Roman:* „Großmütiger Feldherr Arminius" von Daniel Casper von Lohenstein *Schelmenroman:* „Simplicissimus" von Johann Jakob Christoffel von Grimmelshausen
An den fürstlichen Residenzen entfaltete sich eine prunkvolle **Theaterkunst.** Gespielt wurden mit Vorliebe Stücke aus der römischen Geschichte, aber auch Komödien und Tragödien. In den Tragödien spielt die Handlung grundsätzlich in der höfischen Welt; die Protagonisten der Komödien sind eher Menschen der niederen Stände.	In der Komödie „Der Geizige" von Jean Baptiste Molière geht es um einen äußerst geizigen Familienvater, der für sein Geld alles aufgeben würde. Die Tragödie „Catharina von Georgien" von Andreas Gryphius handelt von der Königin von Georgien, einer Christin, die seit Jahren vom Schah von Persien gefangen gehalten wird.

In der **Lyrik** sind Sonett, Elegie, Ode und Epigramm die vorherrschenden Formen. Beliebt waren auch Figurengedichte und Kirchenlieder.

- **Sonett:** Lyrikform aus 14 Zeilen, die sich auf zwei Quartette (Vierzeiler) und zwei Terzette (Dreizeiler) verteilen.

  „Mein oft bestürmtes Schiff, der grimmen Winde Spiel, / der frechen Wellen Ball, das schier die Flut getrennet, / das wie ein schneller Pfeil nach seinem Ziel rennet, / kommt vor der Zeit an Port, den meine Seele will ..." (Andreas Gryphius: „An die Welt", erstes Quartett)

- **Elegie:** Bezeichnung für ein Trauer- oder Klagegedicht.

  „Indem die Sonne sich hat in das Meer begeben / Und das gestirnte Haupt der Nacht heraussor bricht ..." (Martin Opitz: „Elegie")

- **Ode:** Eine meist von Musik begleitete Dichtung als Ausdruck des Erhabenen und Weihevollen.

  „Ihr Tapfren Väter Ihr / und du gelehrte Schaar / Der Edlen Julien / die längst mein Hertze war / Auf die ich stets wil richten / Wie Sie es würdig ist / Mein Schreiben thun und Tichten ..." (Enoch Gläser: „Ode")

- **Epigramm:** Literarische knappe Aussage in Versen, oft lustigen oder ironischen Inhalts.

  „Ist Liebe zuckersüß / wie dass sie bitter schmecket? / Ist Liebe bitter Gall / wie dass sie Lust erwecket? ..." (Ernst Christoph Homburg: „Epigramma")

- **Figurengedicht:** Gedicht, das durch die Gestaltung des Versmaßes im Druckbild einen Gegenstand oder Umriss darstellt.

  Johann Steinmann: „Das Horn der Glückseligkeit"

- **Kirchenlied:** Lied in Strophenform, in Volkssprache verfasst, das den Glauben zum Inhalt hat.

  „O Häupt voll blut und wunden / Voll schmertz unnd voller hon! O häupt zu spott gebunden Mit einer dornen kron!" (Paul Gerhardt: „An das leydende Angesicht Jesu Christi")

ÜBUNG 1 **Lies die Gedichtanfänge und schreibe darunter, ob es sich um eine Elegie, eine Ode, ein Sonett, ein Epigramm, ein Figurengedicht oder ein Kirchenlied handelt.**

1. Mäntel zum bedecken,
Larven zum verstecken,
Röcke zum verkleiden,
Scheren zum beschneiden,
Zangen zum verzwicken,
Pressen, auß zu drücken …

2. Auff mein Psalter und Harffen-Klang!
Auff mein Reygen und Lob-Gesang!
Auff ihr Vögelein in der Höh!
Auff ihr Fische der tieffen See! …

3. Nun ruhen alle Wälder /
Vieh / Menschen / Städt und Felder /
Es schläfft die gantze Welt:
Ihr aber meine Sinnen /
Auf / auf ihr solt beginnen
Was eurem Schöpffer wol gefällt.

4. Jetzund kömpt die Nacht herbey /
Vieh und Menschen werden frey /
Die gewüntschte Ruh geht an;
Meine Sorge kömpt heran.

5. Auff Freunde! last uns zu der Taffel eylen /
In dem die Sonn ins Himmels Mittel hält
Und der von Hitz und Arbeit matten Welt
Sucht ihren Weg / und unsern Tag zu theilen.
Der Blumen Zir wird von den flammen Pfeylen
Zu hart versehrt / das außgedörte Feld
Wündscht nach dem Tau' / der Schnitter nach dem Zelt;
Kein Vogel klagt von seinen Libes Seilen.
Itzt herrscht das Licht. Der schwartze Schatten fleucht
In eine Höl / in welche sich verkreucht /
Den Schand und Furcht sich zu verbergen zwinget.
Man kan dem Glantz des Tages ja entgehn!
Doch nicht dem Licht / das / wo wir immer stehn /
Uns siht und richt / und Hell' und Grufft durchdringet.

6. Das Horn der Glükkseligkeit.

Schöne Früchte:
Blumen / Korn /
Kirschen / äpfel /
Birn' / und Wein /
Und was
sonst mehr
kan seyn /
sind hier
in diesem
HORN /
das Glükk /
auf daß
es uns
erquikk' /
hat selbst
es so
mit hüll
und füll
erfüllt.
wol dem /
dem es
ist
mild.

ÜBEN

WISSEN

Historischer Hintergrund

Um Literatur zu verstehen, ist es wichtig, die politischen und gesellschaftlichen Ereignisse der jeweiligen Zeit zu kennen.

- **Politik:** In Europa entstand im 17. Jahrhundert ein frühmodernes Staatensystem. Der Staat übernahm sämtliche Verwaltungsaufgaben und erhob hierfür vom Bürger Steuern. In Frankreich regierte Ludwig XIV. („Sonnenkönig"), der zum Vorbild der meisten Könige und Fürsten Europas wurde.
- **Gesellschaft:** Das Zeitalter des Barock war von starken Gegensätzen geprägt. Auf der einen Seite stand das Kaisertum, das seiner Macht in prunkvollen Bauten Ausdruck verlieh. Auf der anderen Seite hatten die Erfahrungen der Kriege zu Pessimismus und tiefer Weltangst geführt. In der Bevölkerung herrschten Krankheiten und Hunger. Der Dreißigjährige Krieg (1618–1648) fand erst Mitte des 17. Jahrhunderts ein Ende. Durch die Reformation im 16. Jahrhundert war die Kirche gespalten; die heftigen Auseinandersetzungen zwischen Protestanten und Katholiken führten zu religiösen Kriegen. In der ersten Hälfte des 17. Jahrhunderts erreichte die Hexenverfolgung ihren Höhepunkt.

ÜBUNG 2 **Lies das folgende Gedicht von Andreas Gryphius aus dem Jahre 1636. Gib dann den Inhalt in eigenen Worten wieder und bringe ihn mit historischen und gesellschaftlichen Ereignissen in Verbindung. Die rot markierten Wörter helfen dir dabei. Schreibe in dein Übungsheft.**

Thränen des Vaterlandes

Wir sind doch nunmehr gantz / ja mehr denn gantz verheeret!
Der frechen Völcker Schaar / die rasende Posaun
Das vom Blutt fette Schwerdt / die donnernde Carthaun /
Hat aller Schweiß / und Fleiß / und Vorrath auffgezehret.
Die Türme stehn in Glutt / die Kirch ist umgekehret.
Das Rathauß ligt im Grauß / die Starcken sind zerhaun /
Die Jungfern sind geschänd't / und wo wir hin nur schaun
Ist Feuer / Pest / und Tod / der Hertz und Geist durchfähret.
Hir durch die Schantz und Stadt / rinnt allzeit frisches Blutt.
Dreymal sind schon sechs Jahr / als unser Ströme Flutt /
Von Leichen fast verstopfft / sich langsam fort gedrungen
Doch schweig ich noch von dem / was ärger als der Tod /
Was grimmer denn die Pest / und Glutt und Hungersnoth
Das auch der Seelen Schatz / so vilen abgezwungen.

ÜBEN

ÜBUNG 3 **Das Bild zeigt eine Theateraufführung in Versailles 1676. Beschreibe anhand des Bildes, wie sich das Theater im Barock gestaltet hat.**

ÜBUNG 4 **Entscheide anhand des Titels und der kurzen Inhaltsangabe, ob es sich bei den Stücken um eine Komödie oder eine Tragödie handelt. Schreibe es jeweils daneben.**

1. **„Cleopatra" von Daniel Casper von Lohenstein:**
Der leidenschaftlichen Ägypterkönigin steht ihr vernünftiger Mann Antonius gegenüber, der sie entmachtet.

2. **„Horribilicribrifax" von Andreas Gryphius:**
Hauptpersonen dieses Stücks sind die Hauptleute Horribilicribrifax und Daradiridatumtarides, jedoch spielen auch ein Dorfschulmeister, eine Kupplerin und viele mehr mit. Hierbei geht es um die verschiedenen Arten der Gattenwahl.

3. **„Die göttliche Rache oder Der verführte Theodoricus Veronensis" von Christian Hallmann:**
In diesem Stück trägt der Ostgotenkönig durch Heuchelei Schuld am Tod mehrerer Menschen.

ÜBEN

WISSEN +

Charakteristika der barocken Literatur

Es gibt einige Auffälligkeiten, die für die Literatur im Barock kennzeichnend sind:

- Wiederholungen von Wörtern und Satzteilen (1),
- Verzicht auf Bindewörter und teilweise sogar auf Satzglieder (2),
- Antithetik: Gegenüberstellung gegensätzlicher Motive (3),
- Verwendung von Metaphern (bildhaften Aussagen) (4),
- Tendenz zur Anrede (5).

(1) Fliest / fliest so / wie Ihr thut ... (Paul Fleming: „An seine Thränen")
(2) Auff all meine Treue / sag' ich dirs zu / du bist es / du ... (Paul Fleming)
(3) Viel näher ist dir, als die Eltern, Gott verwand, Sie sterben: Gott und du: / glaub es: / sind ungetrannt (Daniel Czepko von Reigersfeld: „Sexcenta Monodisticha Sapientum") *(Antithetik: Diesseits – Jenseits, Trennung – ewiges Band)*
(4) das Gold ihrer Haare
(5) Verwundre dich ja nicht / daß was ich hier geschrieben ... (Johann Grob: „An den Leser")

ÜBUNG 5 **Antithetik: Finde zu den folgenden Motiven des Barock den Gegensatz.**

1. Schein ↔	2. Aufbau ↔
3. Wohlstand ↔	4. Spiel ↔
5. Ewigkeit ↔	6. Blüte ↔

ÜBUNG 6 **Untersuche das folgende Gedicht auf die Charakteristika barocker Literatur: Markiere sie farbig und schreibe daneben, um was es sich jeweils handelt.**

Abends-Andacht (Christian Knorr von Rosenroth)

Der Sonnen-Untergang deß Himmels Abend-Roth /
Das schwartze Kleid der Nacht der Schlaff der halbe Tod;
Entkleidung Müdigkeit und Hoffnung auffzustehen /
Diß alles reitzet mich / O Gott vor dich zu gehen.

Die Sonne geht: nicht du! O meiner Seelen-Licht /
O Wärm! O Lebens-Trieb! O Freud! entweiche nicht.
Laß deines Sohnes Sonn' am Himmel meiner Erde /
Daß seines Lebens-Tag in mir nie dunckel werde!

ÜBUNG 7 **Übertrage das Gedicht „Abends-Andacht" in die heutige Sprache. Vermeide dabei alles, was die Barockdichtung ausmacht. Schreibe in dein Übungsheft.**

ÜBEN

3.2 Literatur der Romantik

Die Literaturepoche der **Romantik** reichte in Deutschland von etwa **1790 bis 1830.** „Romantisch“ leitet sich von den Begriffen „Roman“ bzw. „Romanze“ ab, gemeint ist hiermit das Wunderbare, Sinnliche.

Literatur:
Friedrich Schlegel – Wilhelm Hauff – Ludwig Tieck – Clemens Brentano – Joseph von Eichendorff
Malerei:
Caspar David Friedrich – Eugène Delacroix
Musik:
Johannes Brahms – Frédéric Chopin

Die **Romantiker** glaubten an die Macht der Intuition, an Gefühle, Fantasie und Träume. Die Wirklichkeit des 18. und 19. Jahrhunderts lehnten sie radikal ab. Diese war geprägt von der industriellen Revolution und vom technischen Fortschritt. Die Menschen wurden eigenständiger, beriefen sich auf ihren eigenen Willen und Verstand und sahen sich nicht mehr von Staat oder Kirche abhängig. Für die Romantiker jedoch war diese Gesellschaft geprägt von Gewinnstreben und Egoismus. Sie sehnten sich zurück nach dem Mittelalter, als die Leute noch in ihrem christlichen **Glauben** gefestigt waren.

„Was wäre der Dichter wunderbar Spiel,
Zög's nicht wie Sonne durch innere Nacht;
Was wohl der Zauber in Ton und Lied,
Der wie der Frühling über Gräber hinzieht,
Wenn er die Lebendigtoten nicht weckte,
Und nicht die feigen Schlummernden schreckte.
Stehet auf! stehet auf! so rufet die Zeit,
Es ist der Richttag, der Herr ist nicht weit.“
(Clemens Brentano: „Ans Vaterland“)

Durch die Sehnsucht der Romantiker nach früheren Zeiten erfuhr die **Volksliteratur,** besonders das Märchen, wieder neuen Aufschwung.

Als Hauptgattung der Romantik jedoch galt der **Roman,** der mit der **Novelle** entscheidend weiterentwickelt wurde.
Das lag vor allem daran, dass der Roman nicht so stark an äußere Formen gebunden war und man sich in ihm frei ausdrücken konnte.

Märchen:
Jacob und Wilhelm Grimm: „Kinder- und Hausmärchen“
Wilhelm Hauff: „Die Geschichte von dem kleinen Muck“
Peter Lebrecht: „Volksmärchen“
Roman:
E. T. A. Hoffmann: „Die Elixiere des Teufels“
Friedrich Schlegel: „Lucinde“
Achim von Arnim: „Armut, Reichtum, Schuld und Buße der Gräfin Dolores“
Novelle:
Ludwig Tieck: „Der Hexensabbat“
Joseph von Eichendorff: „Aus dem Leben eines Taugenichts“

ÜBUNG 8 **Markiere in den Gedichtauszügen das Thema des Gedichts rot und den Schauplatz der Handlung blau. Formuliere anschließend einen allgemeinen Satz über Schauplätze und Motive in der Literatur der Romantik.**

1. Endlich kommt zur Erde nieder
Aller Himmel sel'ges Kind,
Schaffend im Gesang weht wieder
Um die Erde Lebenswind,
Weht zu neuen ewig lichten Flammen
Längst verstiebte Funken hier zusammen.
(Friedrich von Hardenberg)

2. Schwarz war die Nacht und dunkle Sterne brannten
Durch Wolkenschleier matt und bleich,
Die Flur durchstrich das Geisterreich,
Als feindlich sich die Parzen abwärtswandten,
Und zorn'ge Götter mich ins Leben sandten.
(Ludwig Tieck)

3. Wem Gott will rechte Gunst erweisen,
Den schickt er in die weite Welt,
Dem will er seine Wunder weisen
In Berg und Wald und Strom und Feld.
(Joseph von Eichendorff)

4. Liebe lässt sich suchen, finden,
Niemals lernen, oder lehren,
Wer da will die Flamm' entzünden
Ohne selbst sich zu verzehren,
Muss sich reinigen der Sünden.
(Ludwig Tieck)

5. Überall entspringt aus Grüften
Neues Leben, neues Blut,
Ew'gen Frieden uns zu stiften,
Taucht er in die Lebensflut;
(Friedrich von Hardenberg)

ÜBUNG 9 **Lies die Zusammenfassung der ersten Kapitel aus Joseph von Eichendorffs Novelle „Aus dem Leben eines Taugenichts“. Übertrage dann die Tabelle in dein Übungsheft und fülle sie dabei aus.**

1. Kapitel: Gleich zu Beginn wird die Hauptfigur von seinem Vater „Taugenichts“ genannt, weil er sich die Sonne ins Gesicht scheinen lässt und sich der Natur erfreut, während der Vater in seiner Mühle arbeitet. Der junge Mann antwortet daraufhin: „Nun, wenn ich ein Taugenichts bin, so ists gut, so will ich in die Welt gehen und mein Glück machen.“ Er packt seine Sachen und begibt sich auf Wanderschaft. Er begegnet einer Dame, die ihn ins Schloss nach Wien mitnimmt, wo er eine Anstellung als Gärtner erhält. Der Taugenichts verliebt sich in die Dame und ist glücklich, als diese ihn anweist, sie und ihre Gesellschaft auf dem Fluss überzusetzen. Die Gesellschaft ist lustig und fröhlich und bittet ihn zu singen. Nachdem er voller Inbrunst ein Volkslied zum Besten gegeben hat, hört er, wie er von den Herren leise verspottet wird. Dies stürzt ihn in tiefe Trauer und Scham.

2. Kapitel: Da der Taugenichts seine Arbeit als Gärtner sehr gut macht, wird ihm die Stelle des Zolleinnehmers an der Landstraße angeboten. Er findet Gefallen an der Arbeit und an dem damit verbundenen vornehmen Leben, sodass er beschließt, nun nicht mehr auf Wanderschaft zu gehen, um Geld zu sparen. Gegen den Rat des Portiers pflanzt er statt Kartoffeln Blumen an und legt täglich einen Strauß auf einen Tisch am Schloss. Da die Blumen jeden Tag verschwinden, gibt sich der junge Mann der Hoffnung hin, seine Angebetete würde die Blumen nehmen und er könne ihr dadurch ein Stück näher kommen. Bitter enttäuscht wird er jedoch, als er die Dame mit einem jungen Offizier beobachtet. Er muss sich eingestehen, dass er wohl ein Narr gewesen ist. So beschließt er, wieder auf Wanderschaft zu gehen, und packt seine Sachen zusammen. Der Taugenichts verlässt sein Häuschen arm wie er gekommen war. „Ich blickt noch oft zurück; mir war gar seltsam zumute, so traurig und doch auch wieder so überaus fröhlich, wie ein Vogel, der aus seinem Käfig ausreißt.“

Zwei gegensätzliche Welten

Die geschäftliche, oberflächliche Welt	**Die „weite“, romantische Welt**
Vater:	Taugenichts:
Bootsfahrt:	Taugenichts:
Beruf als Zolleinnehmer:	Taugenichts:
Portier:	Taugenichts:
Wie geht es dem Taugenichts am Ende des 2. Kapitels (bitte Zitat beachten)?	

ÜBEN

ÜBUNG 10 **Wie könnte die Novelle weitergehen? Stelle verschiedene Überlegungen an.**

ÜBUNG 11 **Lies nun, wie Eichendorffs Novelle tatsächlich ausgeht, und erkläre dann den Schlusssatz.**

Der Taugenichts reist nach Italien, wo er die Bekanntschaft eines Malers macht. Unterwegs muss er erfahren, dass es viele Menschen gibt, die seinen Lebensstil nicht gutheißen. In Rom meint er, seine Angebetete zu sehen, ein Treffen ergibt sich aber nicht. Über Prag reist er zurück zum Schloss, wo er die schöne Dame endlich trifft. Dort stellt sich heraus, dass sie keine Gräfin ist, wie er dachte, sondern die Nichte des Portiers. Somit ist der Weg für eine Hochzeit geebnet. Der letzte Satz der Novelle heißt: „Und es war alles, alles gut."

Mit dem Schlusssatz möchte der Dichter sagen, dass

ÜBUNG 12 **Ersetze die Lücken des Gedichts durch passende Wörter. Denke dabei an die Merkmale romantischer Literatur (Motive, Schauplätze).**

Es schienen so ______ die ______,
Am Fenster ich ______ stand
Und hörte aus weiter ______
Ein Posthorn im ______ Land.
Das ______ mir im Leib entbrennte,
Da hab ich mir ______ gedacht:
Ach wer da ______ könnte
In der prächtigen ______!

ÜBUNG 13 **Vergleiche dein Gedicht aus Übung 12 mit dem Originalgedicht in der Lösung. Welches Motiv trägt das Originalgedicht, welches hast du ihm gegeben?**

Motiv des Originalgedichts:

Motiv meines Gedichts:

ÜBEN

3.3 Poetischer Realismus

Der **Realismus** als poetische Strömung, auch **bürgerlicher Realismus** genannt, bestimmte ungefähr den Zeitraum zwischen **1830 und 1890.**
Neben dem **Roman** wurde die **Novelle** zu einer wichtigen Gattung.

Literatur:
Theodor Storm – Theodor Fontane – Gottfried Keller – Wilhelm Busch
Malerei:
Gustave Courbet – Jean-François Millet
Musik:
Felix Mendelssohn-Bartholdy – Robert Schumann

Die Zeit des Realismus war eine Zeit, in der sich in Deutschland viel für die Menschen änderte. Vor allem die **Naturwissenschaft** und Technik griffen massiv in ihr Leben ein. Die Menschen lebten oft in großen Ballungszentren, weil dort die Industrie aufblühte. Der Gegensatz zwischen den Besitzlosen und dem vermögenden Bürgertum wurde immer größer. Alte Werte und Traditionen wie Familie und Religion zählten nicht mehr. Daraus ergab sich eine Orientierungslosigkeit, die Menschen fühlten sich bedroht und ausgeliefert.

Dies wurde auch Inhalt der Literatur. Die Realisten versuchten, die **Wirklichkeit sachlich darzustellen,** gestalteten aber dennoch ihr Thema künstlerisch aus. Ihr Stil ist geprägt von Humor, Detailtreue und subjektivem Schönheitsempfinden.

Neu bzw. ungewöhnlich war, dass in der Literatur nun auch das **Alltagsleben** gewöhnlicher Menschen dargestellt wurde.

„‚Sagen Sie, sind Sie dem lieben Gold
In der Tat so wenig hold,
Blicken Sie wirklich, fast stolz, auf die Hüter
Aller möglichen irdischen Güter,
Ist der Kohinoor, dieser ‚Berg des Lichts‘,
Ihnen allen Ernstes nichts?‘
So stellen zuzeiten die Fragen sich ein,
Und ich sage dann ‚ja‘ und sag' auch ‚nein‘.
Wie meistens hierlandes die Dinge liegen,
Bei dem Spatzenflug, den unsre Adler fliegen
(Nicht viel höher als ein Scheunentor),
Zieh' ich das Armsein entschieden vor.
Dies Armsein ist mir schon deshalb genehmer,
Weil für den Alltag um vieles bequemer.
Von Vettern und Verwandtenhaufen
Werd' ich nie und nimmer belaufen, ...“
(Theodor Fontane: „Arm oder reich“)

Themen der realistischen Literatur sind
- die sozialen Umstände,
- die Frage nach der Einigung Deutschlands und
- der Konflikt zwischen dem Einzelnen und der Gesellschaft.

Friedrich Hebbel: „Maria Magdalena“
Georg Herwegh: „Die deutsche Flotte“

Theodor Storm: „Schimmelreiter“

Der **Naturalismus** ist eine Strömung in der Literatur von etwa 1880 bis 1900. Der Naturalismus ist zwar mit dem Realismus verwandt, doch die Naturalisten empfinden sich als radikaler. In Abgrenzung zum Realismus versuchten sie, die **Wirklichkeit möglichst genau darzustellen.** Oft arbeiteten sie dabei mit naturwissenschaftlichen Methoden. Diese wurden zur Grundlage der Kunst.	„Der Dichter [...] ist in seiner Weise ein Experimentator, wie der Chemiker, der allerlei Stoffe mischt, in gewisse Temperaturgrade bringt und den Erfolg beobachtet. Natürlich: Der Dichter hat Menschen vor sich, keine Chemikalien. Aber [...] auch diese Menschen fallen ins Gebiet der Naturwissenschaften." (Wilhelm Bölsche: „Die naturwissenschaftlichen Grundlagen der Poesie")
Wichtige **Autoren** sind Gerhart Hauptmann, Frank Wedekind und Ludwig Thoma.	Gerhart Hauptmann: „Bahnwärter Thiel" – „Die Weber" – „Der Biberpelz" – „Die Ratten" Frank Wedekind: „Frühlings Erwachen" – „Lulu" Ludwig Thoma: „Magdalena"
Die bevorzugte Gattung des Naturalismus war das **Drama.** **Merkmale** des naturalistischen Dramas sind ▪ die Volkssprache (Dialekt, derbe Ausdrücke), die benutzt wird, um Charaktere lebensnah darzustellen, ▪ genaue Regieanweisungen, um das Drama möglichst wirklichkeitsgetreu darzustellen, sowie ▪ das Aufgreifen neuer, bisher tabuisierter Themen. **Themen** in der naturalistischen Literatur sind ▪ Kritik am Bürgertum und dessen Doppelmoral sowie ▪ die neuen Probleme der Industriegesellschaft wie Gewalt, Verbrechen, Armut, Prostitution und Alkoholismus.	Gerhart Hauptmann prangert in „Die Weber" Missstände in der Gesellschaft an. Frank Wedekind stellt in „Frühlings Erwachen" Jugendliche als Opfer einer falschen Erziehung dar. In Hermann Sudermanns „Die Ehre" geht es um einen jungen Mann, der meint, die Ehrlosigkeit seiner Schwester rächen zu müssen, da sie ein Verhältnis mit seinem Chef hatte. Dies hat seine Entlassung aus der Firma zur Folge.

ÜBUNG 14 **Beschreibe Aufbau und Inhalt des Auszugs aus der Bildergeschichte „Die fromme Helene“ von Wilhelm Busch. Gehe dabei auf die Anzahl der Zeilen in einer Strophe, das Reimschema und die Intention des Autors ein (↑ Kap. 2.3). Benutze dein Übungsheft.**

1. Kapitel

Wie der Wind in Trauerweiden
Tönt des frommen Sängers Lied,
Wenn er auf die Lasterfreuden
In den großen Städten sieht.

Ach, die sittenlose Presse!
Tut sie nicht in früher Stund
All die sündlichen Exzesse
Schon den Bürgersleuten kund?!
...

Zwar man zeuget viele Kinder,
Doch man denket nichts dabei.
Und die Kinder werden Sünder,
Wenn's den Eltern einerlei.

„Komm Helenchen!“ sprach der brave
Vormund – „Komm, mein liebes Kind!
Komm aufs Land, wo sanfte Schafe
Und die frommen Lämmer sind.“

Nachdem Helene auf dem Land allerlei Streiche angestellt hat, betrinkt sie sich am Ende und verbrennt.

17. Kapitel

Hu! draußen welch ein schrecklich Grausen!
Blitz, Donner, Nacht und Sturmesbrausen! –
Schon wartet an des Hauses Schlote
Der Unterwelt geschwänzter Bote.
Zwar Lenens guter Genius
Bekämpft den Geist der Finsternus.
Doch dieser kehrt sich um und packt
Ihn mit der Gabel zwiegezackt.
O weh, o weh! der Gute fällt!
Es siegt der Geist der Unterwelt.
Er fasst die arme Seele schnelle
Und fährt mit ihr zum Schlund der Hölle.
Hinein mit ihr! – Huhu! Haha!
Der heil'ge Franz ist auch schon da.

ÜBUNG 15 **Lies Wilhelm Buschs Gedicht „Kritik des Herzens". Gehe danach nochmals auf die Intention des Autors in „Die fromme Helene" ein: Wie ist der Text gemeint? Was wollte er damit wohl zum Ausdruck bringen? Die markierten Wörter helfen dir dabei.**

Kritik des Herzens

Ach, ich fühl es! Keine Tugend
Ist so recht nach meinem Sinn;
Stets befind ich mich am wohlsten,
Wenn ich damit fertig bin.

Dahingegen so ein Laster,
Ja, das macht mir viel Pläsier;
Und ich hab die hübschen Sachen
Lieber vor als hinter mir.

WISSEN

Annette von Droste Hülshoff

Annette Freiherrin von Droste-Hülshoff wurde im Jahre 1797 geboren und starb 1848. Ihr Schaffen ist deshalb eigentlich in die Zeit des Biedermeier (etwa 1815 bis 1848) einzuordnen. Die Dichterin gehört aber vor allem in ihrer Lyrik zu den wichtigsten Vorreitern des poetischen Realismus. Aus diesem Grund wird sie zu beiden Epochen gezählt.

Annette von Droste-Hülshoff ist vor allem durch ihre Naturlyrik (v.a. Heide, Fels, Wald, See) bekannt. Damit gehörte sie zu den ersten Autoren, die in der Zeit des Biedermeiers Motive des Realismus benutzten und versuchten, das unmittelbar Erlebte darzustellen.

ÜBUNG 16 **Informiere dich im Lexikon oder im Internet über das Leben der Dichterin Annette von Droste-Hülshoff und beantworte die Fragen.**

1. Elternhaus:
2. Wo verbrachte sie ihre letzten Lebensjahre?
3. An welcher Märchensammlung war sie beteiligt?
4. Berühmte Ballade:
5. Berühmte Novelle:

ÜBUNG 17 Kunst und Literatur hängen eng zusammen. Betrachte das Gemälde „Die Ährenleserinnen“ von Jean-François Millet und beschreibe, weshalb es typisch für die Zeit des Realismus ist.

ÜBUNG 18 Schreibe über die oben dargestellte Szene ein reimloses Gedicht. Die vorgegebenen Wörter helfen dir dabei.

Heiß,

Drückt

Weit,

Zieht

Nur

Am

Mich

Wenn

ÜBUNG 19 In Hauptmanns Drama „Die Ratten“ geht es um Mütter, die ihre Mutterschaft allein dazu benutzen, um den Vater zu erpressen, um ihn langfristig an sich zu binden oder um ein abgesichertes Leben zu erhalten. Inwiefern ist auch dieses Thema typisch für ein Drama des Naturalismus? Schreibe in dein Übungsheft.

ÜBUNG 20 Lies den Ausschnitt aus Gerhart Hauptmanns Drama „Die Ratten“. Markiere die naturalistischen Merkmale und erläutere diese in deinem Übungsheft.

Dramatis Personae
Harro Hassenreuter, *ehemaliger Theaterdirektor*
Schüler Hassenreuters
John, *Maurerpolier*
...

Erster Akt
Im Dachgeschoss einer ehemaligen Kavalleriekaserne zu Berlin. Ein fensterloses Zimmer, das sein Licht von einer brennenden Lampe erhält, die von der Mitte der Decke über einen runden Tisch herunterhängt. In die Hinterwand mündet ein gerader Gang, der den Raum mit der Entreetür verbindet, einer eisenbeschlagenen Tür mit einer primitiven Schelle, die der Eintritt Begehrende von außen durch einen Drahtzug in Bewegung setzt. ...

Frau John: Na ja doch! Freilich! Ick sag't ja, Pauline.
Die Piperkarcka: Nu ja. Ick will nu also Schlachtensee oder Halensee. Muß jehn un muß nachsehn, ob ick ihm treffe!
Sie trocknet ihre Tränen und will sich erheben.
Frau John verhindert die Piperkarcka am Aufstehen: Pauline! Um Jottes willen, bloß det nich! Det nich, um keenen Preis von de Welt. Det macht Skandal, kost Jeld und bringt nischt. Wat wolln Se woll, und wo Se noch in den Zustande sind, dem schlechten Halunken noch weiter nachloofen!? ...

ÜBUNG 21 Lies den folgenden kurzen Ausschnitt aus der ersten Szene von „Maria Magdalena“, einem Drama des Realismus von Friedrich Hebbel. Vergleiche es mit dem naturalistischen Drama aus Übung 20. Schreibe in dein Übungsheft.

Erster Akt
Zimmer im Hause des Tischlermeisters.

Klara: Dein Hochzeitskleid? Ei, wie es dir steht! Es ist, als ob's zu heut gemacht wäre
Mutter: Ja, Kind, die Mode läuft so lange vorwärts, bis sie nicht weiter kann, und umkehren muss. Dies Kleid war schon zehn Mal aus der Mode, und kam immer wieder hinein.

Check-up Literatur

45 Minuten

AUFGABE 1 Ordne den Gedichtformen die Definitionen zu, indem du sie verbindest.

Sonett

Elegie

Epigramm

Figurengedicht

Kirchenlied

Bezeichnung für ein Trauer- oder Klagelied

Lied in Strophenform, in der Volkssprache verfasst. Inhalt ist der Glaube.

Lyrikform aus 14 Zeilen, die sich auf zwei Quartette und zwei Terzette verteilen

Gedicht, das durch die Gestaltung des Versmaßes im Druckbild einen Gegenstand oder Umriss darstellt

Eine meist von Musik begleitete Dichtung als Ausdruck des Erhabenen und Weihevollen

Literarische knappe Aussage in Versen, oft mit lustigem oder ironischem Inhalt

AUFGABE 2 Zwei der folgenden Motive gehören nicht in die Epoche des Barock. Streiche sie durch.

Wunder Gottes

Totenkopf

Religionskriege

Sanduhr

Gefühle

erlöschende Kerze

Jenseits

AUFGABE 3 Erkläre in eigenen Worten, an was die Romantiker glaubten und wodurch dies bedingt war.

TESTEN

AUFGABE 4 **Ordne die folgenden Gedichtanfänge je einer literarischen Epoche zu.**

1. Ich weiß nicht, was soll es bedeuten,
Dass ich so traurig bin;
Ein Märchen aus alten Zeiten,
Das kommt mir nicht aus dem Sinn.

Epoche:

2. O schaurig ist's übers Moor zu gehen,
Wenn es wimmelt vom Heiderauche,
Sich wie Phantome die Dünste drehn
Und die Ranke häkelt am Strauche, ...

Epoche:

AUFGABE 5 **Löse das Silbenrätsel zum poetischen Realismus und Naturalismus.**

Fon – mus – No – Na – dor – bu – Dra – vel – ra – den – ne – The – le – Ju – ma – Die – che – o – ta – tu – lis

1. Wichtige Gattung des Realismus neben dem Roman:
2. Bevorzugte Gattung des Naturalismus:
3. Berühmte Novelle von Annette von Droste-Hülshoff:
4. Autor des Romans „Effi Briest“:
5. Welche literarische Strömung versuchte eine möglichst genaue Abbildung der Wirklichkeit?

AUFGABE 6 **Lies den Ausschnitt aus Gerhart Hauptmanns Drama „Die Weber“ und markiere alle für den Naturalismus typischen Merkmale. Schreibe jeweils daneben, wieso dies auf den Naturalismus hindeutet.**

KASSIERER NEUMANN, *Geld aufzählend.* Bleibt sechzehn Silbergroschen zwei Pfennig. → genaue Regieanweisung

ERSTE WEBERFRAU, *dreißigjährig, sehr abgezehrt, streicht das Geld ein mit zitternden Fingern.* Sind Se bedankt.

NEUMANN, *als die Frau stehen bleibt.* Nu? stimmt's etwa wieder nich?

ERSTE WEBERSFRAU, *bewegt, flehentlich.* A paar Fenniche uf Vorschuss hätte ich doch halt a so neetig.

TESTEN

Umgang mit Texten und Medien

4.1 Appellative Texte

Unter einem **Appell** versteht man einen eindringlichen Aufruf zu einem bestimmten Verhalten. Ein **appellativer Text** ist also ein Text, mit dem die Leser zum Handeln aufgefordert werden sollen. Deshalb sind alle **Werbetexte** appellative Texte. Weiterhin zählen **Reden** oder **Briefe**, die eine Aufforderung enthalten, dazu.	*Werbetext:* Ob Sommer- oder Winterreise – schnell und günstig gebucht bei Neise *Rede:* Ein Politiker über die Situation seines Landes mit dem Aufruf an die Bevölkerung oder die Regierung zu handeln *Brief:* Darstellung der Situation von Kindern in armen Ländern, verbunden mit einem Spendenaufruf
Ein appellativer Text verlangt einige **Vorüberlegungen:**	
■ Was soll der Text bewirken?	Die Leser sollen das Produkt kaufen bzw. darüber informiert sein.
■ Welche Textsorte wähle ich?	Brief – Rede – Werbetext – Flugblatt
■ Für wen schreibe ich (Zielgruppe)?	Teenager – Senioren – Manager
Auch **Fragen zum Inhalt** sind wichtig:	
■ Wie kann ich die Aufmerksamkeit meiner Leser/Zuhörer wecken?	provokante Bilder oder Slogans
■ Möchte ich eher sachlich informieren oder Gefühle ansprechen?	Soll der Leser über die technischen Daten eines Autos informiert werden oder soll ihm suggeriert werden, mit dem Auto sei er der Star des Tages?
■ Welche Interessen und Vorlieben haben meine Adressaten und wie kann ich dies berücksichtigen?	Die Interessen von Teenagern sind anders gelagert als die von Senioren.
Nun geht es ans **Schreiben:**	
■ Finde einprägsame Slogans und Schlüsselwörter.	Chatten ist cool!
■ Formuliere deinen Text im Hinblick auf die Zielgruppe.	Zielgruppe Jugendliche → Jugendsprache Zielgruppe Manager → gehobene, intellektuelle Sprache
■ Suche passendes Bildmaterial.	

ÜBUNG 1 **Analysiere die Werbung, indem du die Fragen beantwortest.**

1. Welche Zielgruppe möchte die Werbung ansprechen?

2. Welche Interessen hat diese Zielgruppe?

3. Wie wurden diese Interessen in der Werbeanzeige berücksichtigt?

4. Informiert die Werbung sachlich oder spricht sie Gefühle an?

5. Welche Slogans und/oder Schlüsselwörter wurden benutzt?

6. Wie wurde der Text im Hinblick auf die Zielgruppe abgefasst?

ÜBEN

ÜBUNG 2 Beide Werbeplakate werben für ein neues Seniorenzentrum. Welches Plakat wird sein Ziel eher erreichen? Begründe deine Meinung in deinem Übungsheft.

ÜBUNG 3 In einer Werbeanzeige muss alles stimmen: Text, Bild, Hintergrundfarbe. Sobald man sich für eine Stilrichtung entschieden hat, überlegt man in einem Brainstorming, was hierzu passt. Am besten funktioniert das mit einer Mindmap. Vervollständige die Mindmap zu „aggressiv".

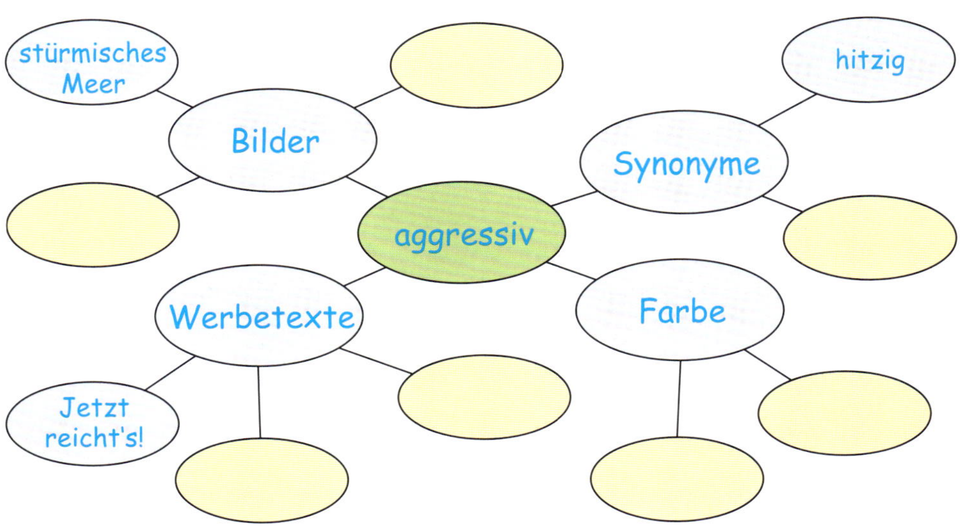

ÜBUNG 4 Gestalte eine weitere Mindmap zu „romantisch" in deinem Übungsheft.

WISSEN +

Die AIDA-Formel

Damit appellative Texte Erfolge bringen, orientieren sie sich an der so genannten „AIDA‘-Formel. Dies bedeutet:
A (Attention): Der Text soll durch einen Blickfang wie ungewöhnliche Bilder Aufmerksamkeit erregen.
I (Interest): Der Text soll so gestaltet sein, dass der Leser sich für das Produkt interessiert und sich damit auseinandersetzt.
D (Desire): Der Text soll Begierde nach dem Produkt auslösen.
A (Action): Der Text soll zum Handeln bewegen, z. B. den Leser zum Kaufen anregen.

ÜBUNG 5 **Gestalte deine eigene Werbeanzeige für einen neuen Schokoriegel. Gehe dafür Schritt für Schritt vor, indem du die Teilaufgaben schriftlich bearbeitest.**

1. Welche Zielgruppe möchtest du ansprechen?

2. Welche Interessen und Vorlieben hat deine Zielgruppe?

3. Welche Gefühle möchtest du ansprechen? Wie fühlt man sich beim Essen des Schokoriegels? Entscheide dich für ein oder zwei Adjektive.

4. Was verbindest du mit dem Adjektiv? Erstelle eine Mindmap in deinem Übungsheft (vgl. Übung 3).

5. Triff unter den Wörtern deiner Mindmap eine Auswahl. Schreibe die gewählten Wörter nochmals auf, zusammen mit wichtigen Stichpunkten aus den Teilaufgaben 1 bis 3.

6. Entwerfe ein oder zwei Grundideen: Wie lautet der Slogan? Wie lautet der Text? Wie könnte das Plakat bzw. die Anzeige gestaltet werden?

7. Orientiere dich an der AIDA-Formel und gehe sie Schritt für Schritt in deinem Übungsheft durch.

8. Skizziere deine Anzeige bzw. dein Plakat in deinem Übungsheft.

4.2 Parodie – Satire – Glosse

Eine **Parodie** ist die Nachahmung eines bekannten Werkes oder Stoffes. Der Verfasser schreibt dabei im Stil des Originals, verändert, verspottet und übertreibt jedoch den Inhalt. Somit wird das Original zugleich kritisiert. Durch den Gegensatz zwischen **bekannter Form** und **neuem Inhalt** entsteht ein **humoristischer Effekt.**	Friedrich Nicolai: „Freuden des jungen Werther" *(Parodie auf Johann Wolfgang von Goethe: „Die Leiden des jungen Werther")* *Filmparodie:* „Traumschiff Surprise" *(Parodie auf „Raumschiff Enterprise")*
Die **Satire** kritisiert durch Spott, Ironie und Übertreibung bestimmte Personen, Anschauungen, Ereignisse oder Zustände. Der Satiriker stellt das, was gut ist, als schlecht dar, was ihn ärgert als witzig usw. Neben **Übertreibungen** (1) oder auch **Widersprüchen** (2) finden sich in der Satire häufig **Ironie** (= Äußerung, die das Gegenteil des Gesagten meint) (3), **Spott** (= bewusstes Lächerlichmachen von Menschen oder Gruppen) (4) und **Sarkasmus** (beißender, bitterer Spott, oft verbunden mit schwarzem Humor) (5). Die Satire tritt in allen literarischen Gattungen auf. Als **Realsatire** bezeichnet man tatsächliche Ereignisse, die so absurd erscheinen, dass sie an sich schon Züge einer Satire tragen.	(1) „Ihre Kleider kaufte sie mittlerweile nur noch in der Zeltabteilung." (2) Zwischen zwei Sahnetörtchen sagte sie: „Ich bin gerade am Abnehmen. Hat mir mein Arzt verordnet." (3) „Das ist ja ein tolles Wetter!" *zu sagen, wenn es regnet.* (4) *Oft bei Kindern zu beobachten:* „Haha, du musst laufen – ich werde abgeholt!" (5) „Mir geht es super. Und mit meiner Diät komme ich viel besser voran als zuvor. Kannst du mir nochmals von den Eiern bringen?" *als Antwort auf die Frage, wie der Gesundheitszustand nach einer Salmonellenvergiftung ist.* *Satire im Film:* „American Beauty" *(Satire auf die Gesellschaft)*
Eine **Glosse** ist ein witziger, oft auch polemischer oder satirischer **Kurzkommentar** zu einem aktuellen Anlass (1) oder einem kulturellen Ereignis (2) in einer Zeitung/Zeitschrift. Ihre ursprüngliche Bedeutung ist „spöttische Randbemerkung"; daher ist ihr Umfang kurz.	(1) Regierungsbildung – Lehrstellenmangel – Hausmänner – Fußballweltmeisterschaft – PISA-Studie (2) Theaterinszenierung – Museumseröffnung – Popkonzert – Lesung – Kinofilm – Vernissage

ÜBUNG 6 **Lies die ersten Strophen aus Friedrich Schillers Gedicht „Würde der Frauen“ und vergleiche es anschließend mit der Parodie von August Wilhelm Schlegel „Schillers Lob der Frauen“. Worin unterscheiden sich die beiden Gedichte?**

Würde der Frauen (Friedrich Schiller)
Ehret die Frauen! Sie flechten und weben
Himmlische Rosen ins irdische Leben,
Flechten der Liebe beglückendes Band,
Und in der Grazie züchtigem Schleier
Nähren sie wachsam das ewige Feuer
Schöner Gefühle mit heiliger Hand.

Ewig aus der Wahrheit Schranken
Schweift des Mannes wilde Kraft,
Unstet treiben die Gedanken
Auf dem Meer der Leidenschaft.
Gierig greift er in die Ferne,
Nimmer wird sein Herz gestillt,
Rastlos durch entlegne Sterne
Jagt er seines Traumes Bild.

Aber mit zauberisch fesselndem Blicke
Winken die Frauen den Flüchtling zurücke,
Warnend zurück in der Gegenwart Spur. ...

Schillers Lob der Frauen (August Wilhelm Schlegel)
Ehret die Frauen! Sie stricken die Strümpfe,
Wollig und warm, zu durchwaten die Sümpfe,
Flicken zerrissene Pantalons aus;
Kochen dem Manne die kräftigen Suppen,
Putzen den Kindern die niedlichen Puppen,
Halten mit mäßigem Wochengeld Haus.

Doch der Mann, der tölpelhafte
Find’t am Zarten nicht Geschmack.
Zum gegornen Gerstensafte
Raucht er immerfort Tabak; ...

ÜBUNG 7 **Wie könnte eine Parodie auf das Gedicht in der heutigen Zeit aussehen? Schreibe deine Überlegungen auf.**

ÜBUNG 8 **Nenne auf der Grundlage des folgenden Textes die Merkmale einer Satire. Schreibe ins Übungsheft.**

Die Strafarbeit

Der letzte Montag war ein Tag der richtig schönen Sorte, wie man ihn nur selten erlebt. Der Wecker klingelte eine halbe Stunde später als normal. Mein kleiner Bruder hatte am Nachmittag zuvor noch damit gespielt. Ich unterstütze ihn gern dabei, neue Sachen auszuprobieren. Nachdem ich also die Frühstückszeit für meinen Schönheitsschlaf benutzt hatte, trat ich vor die Tür: Es regnete. Die Pflanzen auf der Erde brauchen Regen. „Schade, dass mein Fahrrad nicht überdacht ist", dachte ich und duschte mich heute also auf dem Weg zur Schule. Dabei freute ich mich, dass ich so ökonomisch mit meiner Zeit umgehe. Ich werde das in Zukunft immer so handhaben.
In der ersten Stunde hatten wir Mathe. Da ich gestern den ganzen Nachmittag auf dem Fußballfeld verbracht hatte (Sport ist gesund), hatte ich beim besten Willen keine Zeit mehr für die Hausaufgaben, so gerne ich sie auch gemacht hätte. Ich bereitete meinem Lehrer eine große Freude mit dieser Nachricht und er notierte sich dies auch gleich in seinem kleinen roten Buch. Das neue Thema in Mathe interessierte mich und ich hörte eifrig zu, bis Patrick anfing, mich zu bemalen. Er hatte wohl auch bemerkt, dass ich heute im Bad weniger Zeit als sonst verbracht hatte, und fand, etwas Farbe würde mir gut stehen. Als er seine Kunst nach einiger Zeit auch an meinem Hals verewigte – am linken Arm gab es keine freie Stelle mehr –, gab ich ihm durch einen Tritt ans Schienbein zu verstehen, dass seine Aktionen mich vom Unterricht ablenken. Der Tritt tat weh und er schrie laut auf. Unser Lehrer drehte sich zu uns um und ich bekam eine Strafarbeit. Wie gut, dass ich mir den Nachmittag zum Shoppen freigehalten hatte.

ÜBUNG 9 **Schreibe die Satire in eine Erlebniserzählung um: Beschreibe, wie die Hauptperson den Montag tatsächlich empfunden hat. Schreibe in dein Übungsheft.**

ÜBUNG 10 Die Satire lebt von Übertreibungen und Widersprüchen. Du sollst eine Satire über das Einkaufen am Samstag schreiben. Fülle dazu die Tabelle aus. Mache dir zuerst Gedanken über die reale Situation und kehre diese dann um.

Reale Situation	Satirisch
Kein Einkaufswagen mehr da.	Zehn Päckchen auf einmal zu tragen stärkt die Armmuskeln.

ÜBUNG 11 Ordne die Situationen in der Reihenfolge, in der du sie beschreiben möchtest. Verfasse nun eine Satire über das Einkaufen am Samstag. Schreibe in dein Übungsheft.

ÜBUNG 12 Glosse oder Satire? Begründe deine Entscheidung im Übungsheft.

Handy-Weitwurf erfreut sich immer größerer Beliebtheit
Gestern fand die 2. Weltmeisterschaft in der Disziplin des Handy-Weitwerfens statt. Sieger wurde ein 26-jähriger amerikanischer Jurastudent, der sein kleines Telefon sage und schreibe 90 Meter weit warf. Er stellte dann gleich noch einen Rekord im Kurzstreckenlauf auf, denn während des Werfens klingelte sein Handy und er hechtete schnell hinterher, um noch abnehmen zu können. Wissenschaftler – ja, die gibt es auch schon dafür – erklären die Beliebtheit dieser Sportart mit dem Frust, der sich täglich im Umgang mit dem Handy aufbaut. 60 Prozent aller Befragten gaben zu, dieses Ding schon mehrmals gerne vor Wut an die Wand geklatscht zu haben. Ein Frust also, der nun durch die Meisterschaft in friedliche Bahnen gelenkt werden soll. So weit sind wir schon. Was kommt als Nächstes? Der „Schwiegermutter-Weitwurf“?

4.3 TV-Sendungen

Fernsehen ist ein Massenmedium. Einen Großteil an Sendezeit nehmen TV-Filme und TV-Serien ein.

Der **TV-Film** besteht aus drei Akten:
- Im ersten Akt, der **Exposition,** werden die Ausgangssituation, die Figuren sowie der Handlungsort vorgestellt.
- Im zweiten Akt, der **Entwicklung,** wird aus der Ausgangssituation eine Geschichte, indem ein Konflikt auftritt.
- Im letzten Akt, der **Auflösung,** geht die Geschichte zu Ende, der Konflikt löst sich.

Exposition: Ein Haus im Grünen. Zwei Kinder spielen fröhlich im Garten. Die Frau verrichtet ihre Hausarbeit usw.
Entwicklung: Das Telefon klingelt, die Frau nimmt ab und erstarrt. Dann rennt sie panisch in den Garten, packt ihre Kinder und fährt mit dem Auto quer durch die Stadt zur Polizei. Sie berichtet von einer Bombendrohung, für die sie keine Erklärung hat. Nachforschungen werden angestellt.
Auflösung: Nach einigen Verwicklungen kommt schließlich heraus, dass ihr Mann in dunkle Machenschaften verwickelt ist. Sie lässt sich scheiden.

Die **TV-Serie** zeichnet sich durch ihre **Regelmäßigkeit** aus: Sie wird immer am gleichen Tag, zur gleichen Zeit auf demselben Sender ausgestrahlt. Jede Folge ist gleich lang, die Handlung knüpft in der Regel an vorangegangene Folgen an. Die Schauspieler sind immer dieselben.

Jeden Sonntag von 18:50 bis 19:20 Uhr: „Forsthaus Silberwald“

Serien, die täglich gesendet werden, nennt man **Daily Soaps** oder Seifenopern.

Montags bis freitags von 17:55 bis 18:20 Uhr: „Luisenhof“

TV-Sendungen können großen Einfluss auf den Zuschauer nehmen und ihn sogar manipulieren:
- Durch Geräusche oder Musik können Gefühle und Stimmungen erzeugt werden (1).
- Sachverhalte können weggelassen oder verkürzt werden (2).
- Die Wortwahl kann beeinflussen, denn Begriffe prägen das Denken (3).
- Produkte können versteckt beworben werden (4).

(1) Fröhliche Musik erzeugt gute Laune, düstere Musik erzeugt Angst; Bilder können dadurch intensiviert werden und prägen sich besser ein.
(2) Es werden nur die schrecklichen Seiten einer Katastrophe gezeigt, nicht der große Einsatz von vielen Helfern.
(3) Wenn bei einem Terrorist von einem „Freiheitskämpfer“ gesprochen wird, ist dies eine Verharmlosung.
(4) Übermäßiges Essen von Chips, auch ohne den Produktnamen genau zu benennen, erzeugt Gelüste.

ÜBUNG 13 Wirf einen Blick ins Fernsehprogramm: Wie viele Serien laufen heute auf allen Programmen und in welchem Umfeld spielen diese Serien?

Krankenhaus,

ÜBUNG 14 Welche Serien kann man also unterscheiden?

Arztserie,

WISSEN +

Daily Soap

Die bei Jugendlichen zwischen 12 und 18 Jahren beliebteste Form der Serie ist die **Daily Soap** (Seifenoper). Dies liegt zum großen Teil daran, dass die Zuschauer sich mit den Charakteren und der Handlung identifizieren können. Oft werden alltagstypische Probleme und Freuden gezeigt und auch die Charaktere sind Menschen „wie du und ich“. Außerdem bauen die Zuschauer durch die tägliche Ausstrahlung eine Beziehung zu den Schauspielern auf. Ein weiterer Grund für die Beliebtheit ist, dass Serien Trends aufzeigen, es werden Verhaltens- und Lebensmodelle vorgelebt. Jede Soap hat drei bis fünf Handlungsstränge, d.h. drei bis fünf einzelne kleine Geschichten. In jeder Folge beginnt ein Strang neu, der andere wird fortgeführt und der dritte neigt sich langsam dem Ende zu. Die Ausstrahlung endet immer an einer sehr spannenden, ungelösten Stelle.

ÜBUNG 15 Welche Merkmale treffen auf Daily Soaps zu? Kreuze an.

- ☐ 1. Es handelt sich um erfundene Geschichten.
- ☐ 2. Die Geschichten sind real.
- ☐ 3. Jede Folge ist gleich lang.
- ☐ 4. Die Folgen können unterschiedlich lang sein.
- ☐ 5. Die Handlung wird in der nächsten Folge weitergeführt.
- ☐ 6. Jede Folge ist in sich abgeschlossen.
- ☐ 7. Es werden alltagstypische Probleme und Freuden gezeigt.

ÜBUNG 16 **Serien leben davon, dass viele Menschen untereinander in Beziehung stehen, aber auch Konflikte austragen. Überlege dir drei Hauptfiguren einer Serie und stelle dar, in welcher Beziehung sie zueinander stehen. Erstelle dazu in deinem Übungsheft eine Tabelle wie im Muster.**

	Name und Beruf Person 1	Name und Beruf Person 2	Name und Beruf Person 3
Name und Beruf Person 1	—		
Name und Beruf Person 2	Hatten mal eine Liebesbeziehung. P1 ist immer noch verliebt.	—	
Name und Beruf Person 3			—

ÜBUNG 17 **Markiere in dem Ausschnitt einer Serie die mögliche Beeinflussung der Zuschauer und erkläre diese schriftlich in deinem Übungsheft.**

Lisa betritt den Raum und lässt sich auf das Sofa fallen.
Lisa (zu sich): Jetzt brauche ich erst einmal was Süßes.
Sie steht auf, holt eine Packung Pralinen aus dem Regal und fängt an, diese zu essen. Dann schaltet sie das Fernsehgerät ein.
Stimme aus dem Fernsehen: ... wurde die Heirat von homosexuellen Paaren nun auch offiziell erlaubt ...
Lisa (zu sich): Darf nicht wahr sein! Jetzt dürfen die Schwulen auch noch heiraten.
Genervt schaltet sie den Fernseher wieder aus. Es klingelt an der Tür. Lisa steht auf und öffnet. Thomas steht davor.
Lisa: He, Thomas, komm rein. Na, wie geht's?
Thomas: Na ja. Simone hat Schluss gemacht.
Lisa: Das war ja klar. Komm, lass uns ein bisschen quatschen.
Lisa holt eine Flasche Wein aus dem Kühlschrank und schenkt zwei Gläser ein. Die beiden reden und trinken. Etwas später wird es sehr lustig. (Diese Szene ist mit fröhlicher Musik untermalt.) Thomas schaut Lisa in die Augen.
Thomas: Weißt du was?
(Romantische Musik im Hintergrund.)
Lisa sieht ihn mit großen Augen an und schweigt.
(Die Serienmelodie ertönt: Die Folge ist zu Ende.)

Check-up Umgang mit Texten und Medien

45 Minuten

AUFGABE 1 **Was ist die AIDA-Formel? Ergänze die Anfangsbuchstaben und schreibe dazu, was die einzelnen Schlagworte aussagen.**

A :

I :

D :

A :

AUFGABE 2 **Welchen Appell richtet der Redner an seine Zuhörer? Markiere und schreibe auf, zu welchem Verhalten die Zuhörer aufgefordert werden.**

Wir in dieser Firma sind ein Team, das ganz bestimmte Aufgaben zu bewältigen und zu erfüllen hat. Wir können nur dann erfolgreich arbeiten, wenn wir alle das nötige Engagement und die erforderliche Begeisterung mitbringen.

AUFGABE 3 **Sicher kennst du Fernsehsendungen, in denen Jugendliche, in der Hoffnung, ein Popstar zu werden, vorsingen und von einer Jury beurteilt werden. Notiere in deinem Übungsheft Stichworte für eine Glosse über diese Sendung, indem du die Situation kritisch beleuchtest.**

TESTEN

AUFGABE 4 **Welche Sätze treffen zu? Kreuze an.**

Eine Parodie ist

- ☐ eine Nachahmung eines bekannten Werkes oder Stoffes.
- ☐ eine Literaturgattung, die durch Übertreibung und Ironie bestimmte Personen kritisiert.
- ☐ ein satirischer Kurzkommentar.

Der Verfasser einer Parodie

- ☐ bedient sich der Ironie, des Spotts und des Sarkasmus.
- ☐ schreibt ausschließlich für die Zeitung.
- ☐ schreibt im Stil des Originals, verändert und übertreibt dabei jedoch den Inhalt.

AUFGABE 5 **Kennzeichne in der Kurzbeschreibung eines TV-Films die drei Akte.**

Ein kleiner Junge ist alleine zu Hause. Er langweilt sich und schaut sich eine Tiersendung im Fernsehen an. Als er dort süße Hunde entdeckt, kommt in ihm der Wunsch auf, einen zu besitzen. Er denkt, dass er sich dann nicht mehr so langweilen würde. Als seine Mutter nach Hause kommt, bestürmt er diese sofort mit seinem Wunsch, doch die Mutter lehnt kategorisch ab. Der Junge ist traurig. Am nächsten Tag erzählt er seinem Freund davon. Der kommt auf die Idee, Geld zu sparen und einen Hund vom Taschengeld zu kaufen. Gesagt, getan. Der Junge nimmt kleine Nebenjobs an und einige Monate später hat er das Geld beisammen, sodass er sich einen kleinen Hund kauft. Dieser stellt nun aber jede Menge Unfug an und der Junge hat Mühe, das Tier vor seiner Mutter zu verbergen. Viele Tage und Streiche später kommt die Mutter hinter das Geheimnis ihres Sohnes. Zuerst ist sie sehr wütend, später erlaubt sie ihm aber doch, den Hund zu behalten.

AUFGABE 6 **Erläutere stichpunktartig die große Beliebtheit der Daily Soaps.**

5 Grammatik und Stil

5.1 Wortarten und Satzglieder

Wörter lassen sich in **Wortarten** einteilen. Es gibt **flektierbare** (veränderbare) und **nicht flektierbare** (nicht veränderbare) Wortarten.	*flektierbar:* reden, ich rede, du redest – das Land, die Länder, des Landes *nicht flektierbar:* aber – und – über – manchmal – selten – weiterhin
Flektierbare Wortarten: ■ **Verben** bezeichnen Handlungen, Vorgänge oder Zustände. ■ **Substantive** bezeichnen Lebewesen, Dinge, Gefühle und Begriffe. ■ **Adjektive** beschreiben Eigenschaften oder Merkmale. Sie können gesteigert werden. ■ **Artikel** stehen als Begleiter vor einem Substantiv. Man unterscheidet zwischen dem **bestimmten** und dem **unbestimmten** Artikel. ■ **Pronomen** stehen stellvertretend für ein Substantiv.	lesen – sagen – können Ich **kann** euch nur **sagen, lest** es! Mann – Baum – Hose – Mut Das ist die **Hose** des **Mannes.** hell – groß – bunt – mutig – stark Die Blume ist **groß.** Der Strauch ist **größer.** Der Baum ist am **größten.** **der** Baum – **die** Blume – **das** Beet **die** Bäume – bei **den** Blumen **ein** Baum – **eine** Blume – **ein** Beet auf **einem** Baum – mit **einer** Blume Mein Freund ist cool. **Er** fährt so gut Skateboard, dass **ihn** alle bewundern.
Die Formveränderung des Verbs heißt **Konjugation.** Man unterscheidet nach ■ **Numerus:** Singular (Einzahl) und Plural (Mehrzahl), ■ **Tempus:** Präsens, Perfekt, Präteritum, Plusquamperfekt, Futur I und Futur II, ■ **Genus Verbi:** Aktiv oder Passiv, ■ **Modus:** Indikativ, Konjunktiv und Imperativ.	*Singular:* Er liest. *Plural:* Sie lesen. *Perfekt:* Er hat gelesen. *Futur I:* Er wird lesen. *Aktiv:* Er liest. *Passiv:* Das Buch wird gelesen. *Indikativ:* Er liest. *Konjunktiv:* Ich dachte, er läse. *Imperativ:* Lies!
Die Formveränderung des Substantivs, Adjektivs, Artikels und Pronomen heißt **Deklination.** Man unterscheidet nach ■ **Genus:** Maskulinum, Femininum, Neutrum, ■ **Numerus:** Singular und Plural, ■ **Kasus:** Nominativ, Genitiv, Dativ und Akkusativ.	*Maskulinum:* der Stift *Femininum:* die Schere *Neutrum:* das Blatt *Singular:* der Stift *Plural:* die Stifte *Nominativ:* der Stift *Genitiv:* des Stiftes *Dativ:* dem Stift *Akkusativ:* den Stift

Nicht flektierbare Wortarten:

- **Adverbien** liefern Informationen über die genaueren Umstände.

rechts – montags – gern – vielleicht – hoffentlich – deshalb – morgen
Hoffentlich schreiben wir die Arbeit **morgen** nicht.

- **Präpositionen** kennzeichnen Beziehungen oder Verhältnisse.

unter – über – wegen – durch – an – auf – neben – während – ohne – mit
Während ich **auf** dich gewartet habe, entdeckte ich **über** der Tür ein Schild.

- **Konjunktionen** verbinden Wörter, Wortgruppen oder Sätze miteinander.

und – aber – sowohl ... als auch – entweder ... oder – weil – denn
Ich esse **sowohl** Äpfel **als auch** Birnen, **denn** Obst ist gesund.

- **Interjektionen** sind Ausrufe, die im Satz isoliert stehen und deshalb oft mit einem Komma oder Ausrufezeichen abgetrennt werden. Sie kommen vor allem in gesprochener Sprache oder in Comics vor.

Hä? – Oh! – Na ja! – Ach! – Tja!
Ach, so nennst du das also.

Ein Satz besteht aus mehreren **Satzgliedern.** Satzglieder können Wörter oder Wortgruppen sein. Um festzustellen, welche Wörter ein Satzglied bilden, benutzt man die **Umstellprobe** oder die **Ersatzprobe.**

Die Tochter / bäckt / ihrer Mutter / einen Kuchen.
Umstellprobe: Einen Kuchen / bäckt / die Tochter / ihrer Mutter.
Ersatzprobe: Simone / bäckt / ihrer Mami / eine Obsttorte.

Man unterscheidet folgende Satzglieder:

- Das **Subjekt** ist der Satzgegenstand und wird mit *wer oder was?* erfragt.

Simone bäckt ihrer Mutter einen Kuchen. *(Wer oder was bäckt ihrer Mutter einen Kuchen?)*

- Das **Prädikat** ist die Satzaussage und wird mit *was geschieht?* erfragt. Es besteht immer aus dem Verb und verändert seine Stellung im Satz nie.

Simone **bäckt** ihrer Mutter einen Kuchen. *(Was tut Simone?)*

- Das **Objekt** ist die Satzergänzung, von der es vier verschiedene Arten gibt: Das **Akkusativobjekt** wird mit *wen oder was?* erfragt, das **Dativobjekt** mit *wem?*, das **Genitivobjekt** mit *wessen?* und das **Präpositionalobjekt** mit einem Fragewort und einer Präposition.

Simone bäckt ihrer Mutter **einen Kuchen.** *(Wen oder was bäckt Simone ihrer Mutter? Akkusativobjekt)*
Simone bäckt **ihrer Mutter** einen Kuchen. *(Wem bäckt Simone einen Kuchen? Dativobjekt)*
Dabei ist sie **ihres Bruders** überdrüssig. *(Wessen ist sie überdrüssig? Genitivobjekt)*
Nun wartet sie **auf ihre Mutter.** *(Worauf wartet sie? Präpositionalobjekt)*

ÜBUNG 1 **Verbinde jeweils eine Wortart mit der passenden Definition und dem Beispiel.**

Wortart	Definition	Beispiel
Verben	informieren über die Umstände:	das, er, sie
Substantive	sind im Satz isolierte Ausrufe:	und, denn, weil
Adjektive	bezeichnen Handlungen / Vorgänge:	sagen, essen
Pronomen	kennzeichnen Beziehungen:	ah, oje, pfui
Adverbien	bezeichnen Lebewesen und Dinge:	Weisheit, Mahl
Präpositionen	verbinden Wörter und Sätze:	übermorgen
Konjunktionen	beschreiben Eigenschaften oder Merkmale:	rosa, groß
Interjektionen	stehen anstelle eines Substantivs:	auf, über

ÜBUNG 2 **Ersetze die Lücken durch passende Pronomen.**

1. Semih hat einen Einfall. __________ gefällt allen.
2. Dieses Bild ist sehr berühmt. __________ ist von Vincent van Gogh.
3. Da ist Roland. Mit __________ habe ich noch ein Hühnchen zu rupfen.

ÜBUNG 3 **Welche Wörter bilden ein Satzglied? Wende die Umstellprobe und die Ersatzprobe an. Trenne dann die Satzglieder durch Striche voneinander ab.**

1. Die Frau / trat / auf die Straße.

   Umstellprobe: Auf die Straße trat die Frau.

   Ersatzprobe: __________

2. Dieses Spiel war ein großer Erfolg.

   Umstellprobe: __________

   Ersatzprobe: __________

3. Gestern fand ich eine Münze auf dem Boden.

   Umstellprobe: __________

   Ersatzprobe: __________

ÜBUNG 4 **Bestimme die einzelnen Satzglieder nach dem Beispiel.**

1. Wir nahmen uns des Igels an.

Wir: Subjekt; nahmen uns an: Prädikat; des Igels: Genitivobjekt

2. Der Mann wird des Diebstahls angeklagt.

3. Sie hat die schwere Tüte getragen.

4. Die Strafarbeit hat sie Jochen zu verdanken.

5. Um den armen Hund hat sich Tobias gekümmert.

ÜBUNG 5 **Setze passende Präpositionalobjekte in die Lücken ein. Schreibe darunter, wie du das Präpositionalobjekt erfragst.**

1. Peter fürchtet sich

   Frage:

2. Ich halte ihn

   Frage:

3. Manchmal kann man nur hoffen.

   Frage:

4. Sarah entwickelt sich

   Frage:

ÜBUNG 6 **Konjugiere das Verb „sehen" in deinem Übungsheft.**

1. Numerus (ich – wir)
2. Tempus (Präteritum und Futur, du)
3. Genus Verbi (Präsens, es)
4. Modus (wir)

ÜBUNG 7 **Markiere im folgenden Text die Adverbien rot, die Präpositionen gelb, die Konjunktionen grün und die Interjektionen blau.**

Als ich heute Morgen in der Schule mein Matheheft mit den Hausaufgaben aufschlug, traute ich meinen Augen kaum: Überall waren rote Striche und blaue Kringel. Während ich noch überlegte, was das sollte, fiel es mir wie Schuppen von den Augen: Meine kleine Schwester hatte wieder einmal Lehrer gespielt! Als ich mittags zu Hause war, stellte ich sie sofort zur Rede. Ihre einzige Reaktion war: „Mmh, bunt. Schön. Lehrer spielt." „Nein!", schrie ich sie an. „Das ist nicht schön. Das ist bäh. Ricky kriegt Ärger." Sie schaute mich von unten mit ihren großen blauen Augen an und begann zu weinen. „Ääääääh", schluchzte sie. Meine Mutter kam aus der Küche und sah mich fragend an. „Tja", begann ich, „ich glaube, sie hat nicht verstanden, was ich ihr sagen wollte."

WISSEN +

Adverbiale Bestimmungen

Adverbiale Bestimmungen bezeichnen die näheren Umstände des Satzgeschehens. Man unterscheidet sie nach ihrer Bedeutung.

- **Temporaladverbiale:** *wann?, wie lange?, seit wann?* (1)
- **Lokaladverbiale:** *wo?, woher?, wohin?* (2)
- **Modaladverbiale:** *wie?, wie sehr?* (3)
- **Kausaladverbiale:** *warum?, wodurch?* (4)

(1) **Am Wochenende** fahren wir weg. – **Letztes Jahr** ging es mir nicht so gut.
(2) Wir fahren **in einen Freizeitpark.** – **In der Schule** hatte ich sehr viel Pech.
(3) Das Wochenende gefiel mir **sehr gut.** – Ich stürze mich **mit vollem Elan** in meine Schularbeiten.
(4) **Deswegen** helfe ich meiner Mutter nun im Haushalt. – **Wegen der vielen Arbeit** habe ich keine Freizeit mehr.

ÜBUNG 8 **Markiere die adverbialen Bestimmungen im Text. Schreibe sie in dein Übungsheft und notiere, um welche adverbiale Bestimmung es sich jeweils handelt.**

Gestern fing es endlich an, zu schneien. Wochenlang hatten wir bereits darauf gewartet. Wir freuten uns wie kleine Kinder. Sofort schnappte ich glücklich meinen neuen Schlitten und zog ihn zum Schlittenberg in der Nähe unseres Hauses. Dort herrschte bereits ein reges Treiben. Ich stürzte mich mitten hinein und fuhr los. In meiner Freude übersah ich den Strauch, der auf halber Höhe des Berges wuchs. Erschreckt versuchte ich noch auszuweichen, aber es war zu spät. Um das Schlimmste zu verhindern, fing ich mich mit meinem Daumen am Stamm des Strauches ab. Ich kam zum Stehen, mein Schlitten fuhr ohne mich weiter. Doch mein Daumen stand etwas komisch von meiner Hand ab. Sofort ging ich traurig nach Hause und ließ mich von meiner Mutter zum Arzt fahren. Nach dem Röntgen war klar: Der Daumen war gebrochen und ich bekam einen Gips. Das war wohl meine erste und letzte Freude mit dem Schnee in diesem Jahr!

5.2 Substantivierungen

Substantivierungen (Nominalisierungen) sind Wörter, die als Substantiv gebraucht werden, auch wenn sie ursprünglich zu einer anderen Wortart gehören. Man schreibt sie immer groß.	das Für und Wider – das Autofahren – etwas Schönes – wenig Essbares
Erkennen kann man Substantivierungen meist an einem der folgenden **Merkmale:** ■ Es geht ein Artikel oder ein Pronomen voraus,	Das **Weiß** gefällt mir besonders gut. Ich bin gespannt, wie dir mein **Neuer** gefällt.
■ ein Attribut ist vorangestellt oder nachgestellt,	nach langem **Hin** und **Her** Wir zahlten das **Doppelte** des bisherigen Preises.
■ die Substantivierung wird als Subjekt oder Objekt (↑ Kap. 5.1) im Satz verwendet.	Es kam **Folgendes** dazwischen. Er sagte **Folgendes.**
Substantivierte Verben sind als Substantiv gebrauchte Verben. Auch zusammengesetzte Verben können substantiviert werden.	Das tägliche **Joggen** entspannt mich. Ich genieße das **Radfahren** sehr.
Substantivierten Adjektiven und Partizipien geht häufig ein Artikel voraus. Sie werden auch immer dann zu Substantiven, wenn sie auf **unbestimmte Mengenangaben** folgen.	Der **Stärkste** wird gewinnen. – Das **Gebackene** war sehr lecker. In der Stadt konnte ich wenig **Neues** entdecken. – Über etwas **Gemaltes** würde sie sich sicher sehr freuen.
Achtung: Adjektive, die sich auf ein Nomen beziehen, das an einer anderen Stelle im Satz steht, werden kleingeschrieben. In diesem Fall musst du dir das Substantiv dazu denken.	Heute sind viele starke Männer anwesend, doch der stärkste *(Mann)* wird gewinnen.
Prinzipiell können Wörter aller Wortarten substantiviert werden, also auch Pronomen, Adverbien, Präpositionen, Konjunktionen oder Interjektionen.	*Pronomen:* Das ist doch ein **Niemand.** *Adverb:* Sie lebt im **Gestern.** *Präposition:* Das **Mit** oder **Ohne** stand zur Debatte. *Konjunktion:* ohne **Wenn** und **Aber** *Interjektion:* einige **Öhs** und **Ähms**

ÜBUNG 9 **Unterstreiche die Substantivierungen. Schreibe dahinter, welche Wortart jeweils substantiviert wurde.**

1. Im Großen und Ganzen ist alles in Ordnung.
2. Unter dem Weihnachtsbaum liegt viel Gebasteltes.
3. Das hält mich am Laufen.
4. Ich sehe leider viel Schlechtes.
5. Mein Suchen war nicht von Erfolg gekrönt.
6. Ich bin kein Niemand, ich bin ein Jemand!
7. Man kann das Diesseits nicht mit dem Jenseits vergleichen.

ÜBUNG 10 **Woran erkennst du die Substantivierung jeweils? Unterstreiche die Merkmale.**

1. Deine Neue ist wohl eher schüchtern, oder?
2. Es war viel Schönes und wenig Hässliches dabei.
3. Das Backen entspannt mich.
4. Über das Gesagte hat sie sich sehr geärgert.
5. Ist es ein Er oder eine Sie?
6. Überrasche sie doch einmal mit etwas Gekochtem!
7. Nach langem Für und Wider haben wir uns schließlich so entschieden.

ÜBUNG 11 **Groß oder klein? Streiche jeweils den falschen Buchstaben durch.**

Seit Tagen schon läuft sie nur noch in ihrem Zimmer H/hin und H/her. „Er muss sich endlich entscheiden, ohne W/wenn und A/aber!“, sage ich ständig zu ihr. Dieses H/hin und H/her macht mich ganz nervös. Aber sie hört nicht auf mich. „Die H/hübschere gewinnt“, sagt sie immer. „Ob ich wohl H/hübscher bin als S/sie?“ Ich wollte gerade antworten, als uns E/etwas unterbrach. Es war das K/klingeln des Telefons. Sie nahm ab und stellte den Ton L/laut. „Hallo, meine H/hübsche“, sagte E/er. Da wusste sie, dass sie die G/glückliche war.

WISSEN

Unter einem **Nominalstil** versteht man sprachliche Äußerungen, in denen **Substantivierungen** (Nominalisierungen) im Vergleich zu anderen Wortarten überwiegen. Der Nominalstil ist typisch für **Nachrichten, Zeitungstexte** oder **Fachtexte.** Auch in **Überschriften** wird er häufig angewandt.

Unter einem **Verbalstil** hingegen versteht man sprachliche Äußerungen, in denen Verben überwiegen.

Der Angeklagte wurde zu einer Bewährungsstrafe verurteilt. Alle freuten sich.

Nominalstil:
Die Verurteilung des Angeklagten zu einer Bewährungsstrafe wurde mit allgemeiner Freude aufgenommen.

Überschrift:
Allgemeine Freude über Verurteilung

ÜBUNG 12 **Formuliere die Sätze um, indem du die rot markierten Wörter substantivierst. Die Satzanfänge helfen dir dabei.**

1. Sie zweifelte, ob sie die Prüfung bestanden hat.

   Zweifel am Bestehen

2. Er fürchtet sich sehr davor, die Wahrheit zu gestehen.

   Die Furcht

3. Er hat sich sehr darauf gefreut, mit ihr den Urlaub zu verbringen.

   Seine

4. Sie dankte ihm dafür, dass er ihr geholfen hatte.

   Das war

5. Er hat sich dafür entschieden, nach Amerika zu reisen.

   Die

6. Der Bürgermeister ist verärgert, dass seine Gäste sich verspäten.

   Beim Bürgermeister herrscht

7. Kindern unter sechs Jahren ist es nur gestattet, Filmveranstaltungen zu besuchen, wenn ein Erwachsener sie begleitet.

   Kindern

ÜBEN

5.3 Den Schreibstil verbessern

Unter dem **Schreibstil** versteht man die schriftliche Ausdrucksweise. Der Schreibstil hängt ab von der Persönlichkeit und den Vorlieben, aber auch von der Absicht des Verfassers.	Information → sachlicher Stil Unterhaltung → spannender Stil
Deinen eigenen Schreibstil kannst du verbessern, indem du Folgendes beachtest: ■ Vermeide Wiederholungen.	Sandra **sagte:** „Jetzt ist aber Schluss mit dem Unfug!“ Daraufhin **entgegnete** Timo: „Du brauchst überhaupt nicht meinen, dass ...“ Wütend **rief** sie ...
■ Setze treffende Wörter ein.	Die Frau war sehr **charmant** *(statt: nett).*
■ Benutze Fremdwörter nur, wenn sie Sachverhalte treffender ausdrücken als das deutsche Wort. Wenn du für ein Fremdwort auch ein deutsches Wort benutzen kannst, dann greife lieber zu diesem.	„Das ist nicht mein **Niveau!**“, sagte er. *(Besser als: geistiger Stand)* „Leider können wir das nicht zu unserer freien **Verwendung** einsetzen.“ *(Besser als: „Das steht hier leider nicht zur Disposition.“)*
■ Verwende Stilfiguren (↑ Kap. 2.3).	*Vergleich:* Der Tag war so schön **wie** Geburtstag und Weihnachten zusammen.
■ Streiche nichts sagende oder entbehrliche Wörter.	Das war ~~wirklich ganz~~ genauso wie ich es sage!
■ Vermeide umgangssprachliche Formulierungen.	*Umgangssprache:* Wir waren so lange in der Stadt herumgelaufen, bis wir keinen Bock mehr hatten. *Besser:* Wir liefen durch die Stadt, bis uns langweilig wurde.
■ Bemühe dich um einen abwechslungsreichen Satzbau.	Wir waren fast am Ziel angekommen. Plötzlich fing es an zu regnen. *Besser:* Kurz bevor wir unser Ziel erreichten, fing es plötzlich an, zu regnen.
Jedes Wort, das du wählst, hat eine Denotation und eine Konnotation. Unter **Denotation** versteht man die Bedeutung eines Wortes im engeren Sinn, d. h. die Hauptbedeutung. Die **Konnotation** hingegen ist die zusätzliche Nebenbedeutung eines Wortes. Hierzu zählen Vorstellungen, Einstellungen und Werte, die damit verbunden werden.	**Herz** *Denotation:* Das Herz ist ein Muskel, der uns am Leben hält. *Konnotation:* Mit dem Wort verbindet man Liebe, Romantik, Geborgenheit und Wärme.

ÜBUNG 13 **Erarbeite Wortfelder, um Wiederholungen zu vermeiden: Finde zu jedem der Wörter fünf weitere, die du stattdessen einsetzen könntest.**

Haus	hassen	Junge	verlieben	vorsichtig

ÜBUNG 14 **Ordne die Fremdwörter ihren Bedeutungen zu, indem du sie verbindest.**

1. Chiffre	persönlicher Einsatz
2. Persiflage	Kreislauf wiederkehrender Dinge
3. Zyklus	Rechtschreibung
4. Engagement	Kennziffer einer Zeitungsanzeige
5. Orthografie	Verspottung durch Übertreibung

ÜBUNG 15 **Entscheide, ob besser das Fremdwort oder das deutsche Wort benutzt werden sollte. Streiche das unpassende Wort durch.**

1. „Das ist ja eine Katastrophe/ein Unglück von großem Ausmaß!", schrie die Lehrerin entsetzt.
2. Die Schülerinnen der Tanzgruppe hatten homogene/einheitliche Kleidung an.
3. Wegen dieser Lappalie/höchst unbedeutenden Sache musst du dir nun wirklich keine Gedanken machen!
4. Fantasierst du wieder/Gibst du dich wieder deiner Einbildungskraft hin?
5. Er hat das sehr lapidar/knapp gesagt.
6. Gib mir mal das Booklet/Beiheft!

ÜBUNG 16 **Schreibe zu jedem Wort sowohl Denotation als auch Konnotation.**

1. Mond:
2. Rose:
3. Wende:
4. Sommer:
5. Arzt:
6. Mallorca:

ÜBUNG 17 **Streiche in dem Text alle nichts sagenden Wörter und Formulierungen.**

Die Tanzstunde gestern war wirklich richtig toll. Zuerst hatte ich ja überhaupt keine Lust auf diese Veranstaltung. Doch nun bin ich echt unglaublich froh, dass Sonja mich dahin mitgenommen hat. Die Tanzlehrer waren tatsächlich sehr nett – Sonja hatte mir das schon erzählt – und tanzen können die! Aber das war ja nun nicht das Beste. Das Beste war nämlich, dass ich einen super, super süßen tollen Jungen kennen gelernt habe und – haltet euch fest! – dann morgen Nachmittag mit ihm ein Eis essen gehe. Die Tanzstunde hat sich für mich also so richtig gelohnt!

ÜBUNG 18 **Ersetze die umgangssprachlichen Formulierungen und schreibe den geänderten Text in dein Übungsheft.**

Der Typ war vielleicht 'ne Pleite! Ich hab's ja gewusst: In 'ner Tanzstunde lernt man halt doch keine wirklich klasse Jungs kennen. War ich doch letzten Samstag mit dem Boy ein Eis essen und – was passiert? Wir war'n gerade so mitten im Labern, latscht doch dem seine Freundin vorbei! Ich dachte, mir fallen die Glotzer raus. Seine Freundin dachte das, glaub ich, auch. Sie hat mit ihm rumgebrüllt und ich hab mich aus dem Staub gemacht. Das war vielleicht 'ne peinliche Aktion!

Check-up Grammatik und Stil

45 Minuten

AUFGABE 1 **Fülle die Lücken aus.**

1. Wörter lassen sich in ______ einteilen.
2. Es gibt ______ und ______ Wortarten.
3. Flektierbare Wortarten sind ______.
4. Die Formveränderung von Verben nennt man ______. Man unterscheidet dabei ______.
5. Nicht flektierbare Wortarten sind ______.

AUFGABE 2 **Welcher Wortart gehören die Wörter an?**

1. hoffentlich:
2. stark:
3. Mut:
4. hinter:
5. brennen:
6. dies:
7. eine:
8. Ach so:
9. denn:
10. Äh:

AUFGABE 3 **Bestimme die Satzglieder, indem du die Bezeichnung jeweils darunter schreibst. Verwende dabei folgende Kürzel: S = Subjekt, P = Prädikat, AO = Akkusativobjekt, DO = Dativobjekt, GO = Genitivobjekt und PO = Präpositionalobjekt.**

1. Maja berief sich auf das Versprechen des Lehrers.
2. Simon schenkte seiner Freundin eine schöne Halskette.
3. Sie erinnerten sich an gemeinsame Erlebnisse.
4. Er ist des Wartens überdrüssig.

AUFGABE 4 **Wandle die Substantivierungen in ihre ursprünglichen Wortarten um. Schreibe in dein Übungsheft.**

1. Das Backen von Weihnachtsgebäck ist das Schönste an der Adventszeit.
2. Das frisch Gekochte duftet. Noch besser riecht das Gebratene aus dem Ofen.
3. Auf der Messe wurde einiges Gebasteltes und viel Gemaltes ausgestellt.
4. Aufgrund unserer Verspätung mussten wir das Dreifache des Preises bezahlen.
5. Das Schwimmen fiel aus. Es kam etwas Unerwartetes dazwischen.

AUFGABE 5 **Setze passende Vergleiche ein.**

1. Das Mädchen roch wie ______________.
2. Die Stimmung war gedrückt wie ______________.
3. Ich bin so glücklich wie ______________.
4. Der nasse Hund war schwer wie ______________.

AUFGABE 6 **Formuliere die Sätze abwechslungsreich, indem du den Satzbau änderst.**

1. Ich schloss die Tür auf. Dann hörte ich ein Geräusch.

   Nachdem

2. Ich darf keine Nudeln essen. Ich leide an einer Mehlallergie.

3. Ich lief hinter ihr her. Ich wollte ihr helfen.

4. Ich bin so müde. Ich gehe gleich schlafen.

5. Das Haus finde ich sehr schön. Es sieht aus wie ein Schloss.

6. Er fuhr nach Stuttgart. Dort traf er sich mit seinem Freund.

6 Rechtschreibung und Zeichensetzung

6.1 Groß- und Kleinschreibung

Großschreibung gilt für **Satzanfänge, Namen** und **Substantive.**	**U**nsere **L**ehrerin lobt **S**tefan.
Ebenfalls großgeschrieben werden	
■ **Substantivierungen** von Wörtern, die ursprünglich einer anderen Wortart angehören (↑ Kap. 5.2),	Mir ist etwas **U**nheimliches passiert.
■ **Tageszeiten** und **Zeitangaben,** die substantivisch gebraucht werden,	Gegen **A**bend gehe ich mit dem Hund hinaus. – Meine Schwester verschläft jeden **M**orgen.
■ **Höflichkeitsanreden,**	Könnten **S**ie mir bitte die Uhrzeit sagen? – Wie geht es **I**hrem Mann?
■ **Sprach- und Farbbezeichnungen** in Verbindung mit Präpositionen,	Wir verständigen uns auf **D**eutsch. – Sie geht heute ganz in **G**rün.
■ **feststehende Begriffe** und	der **E**rste Weltkrieg – der **W**estfälische Friede – der **H**eilige Vater
■ Adjektive in festen **geografischen Bezeichnungen.**	der **A**tlantische Ozean
Kleinschreibung gilt für alle anderen Wörter wie Adjektive, Verben, Artikel, Pronomen usw. Dazu gehören auch	
■ Substantive, die als **Adverb** oder **Präposition** gebraucht werden,	**m**ittags – **m**ittwochs Ich werde das **d**ank deiner Hilfe sicher schaffen.
■ Adjektive, die sich in einem Satz **auf ein Substantiv beziehen,**	Der Hund ist der **s**chönste und **k**lügste auf der ganzen Welt.
■ Wörter nach Frage- oder Ausrufezeichen **innerhalb** eines ganzen Satzes,	„Wer bist du?“, **f**ragte der kleine Tim. – „Hilf mir!“, **r**ief er verzweifelt.
■ **vertrauliche Anreden** (im Brief darfst du sie jedoch auch großschreiben),	Kannst **d**u mir mal helfen? – Helft **i**hr mir mal schnell? – *Aber:* Liebe Andrea, wie geht es **d/D**ir?
■ **Zahlwörter** von 0 bis 999.999,	Wir treffen uns um **a**cht. – Ich kann erst gegen **n**eun kommen.
■ von geografischen Namen abgeleitete **Adjektive auf *-isch*,** die nicht Teil eines Namens sind und	Das **t**ürkische Gebäck schmeckt mir. – Er mag den **r**heinischen Frohsinn.
■ **Superlative mit *am*,** die du mit *wie?* erfragen kannst.	Mir geht es so am **b**esten.

ÜBUNG 1 **Lies die folgenden Gesprächsausschnitte und ergänze jeweils die Anrede.**

1. Hallo, Robin, wie geht es ______ ?
2. Ich habe gehört, dass ______ krank bist.
3. Ist ______ Frau krank gewesen?
4. Sind ______ wieder gesund?
5. Könntet ______ bitte kurz zur Seite gehen?
6. Trinken ______ lieber Kaffee oder Tee?

ÜBUNG 2 **Verwandle die Adjektive in Substantive, indem du die Nachsilben *-heit, -keit, -sal, -nis, -tum* oder *-ung* anhängst. Setze diese dann in die Lücke ein.**

So viel ______ (heiter) am frühen Morgen vertreibt alle ______ (finster). Denn ______ (trüb) blasen ist nichts für mich. Ich sage immer: Der wahre ______ (reich) ist die ______ (weise). Kleine ______ (nett) verhelfen vielen Menschen zu einer ______ (besser) ihrer Situation. Doch trotz aller ______ (freundlich) sollte man nicht mit ______ (blind) geschlagen sein.

ÜBUNG 3 **Groß oder klein? Streiche die falsche Schreibung durch.**

H/heute M/morgen um A/acht fuhr ich zur Schule, wie jeden T/tag. Normalerweise habe ich am M/mittwoch immer schlechte Laune, weil wir M/mittwochs bis um Z/zwei Unterricht haben. Doch an diesem M/morgen nicht, da ich ständig an den G/gestrigen A/abend denken musste. G/gestern habe ich nämlich das E/entscheidende Fußballtor geschossen! Nun bin ich gespannt, wie ich N/nachher in der Schule begrüßt werde. Ich denke, meine Mitschüler werden jubeln und mich die N/nächsten W/wochen wie einen Star behandeln. Oder vielleicht sogar die N/nächsten M/monate? Der M/mittwoch wird mein Lieblingstag!

ÜBEN

ÜBUNG 4 **Groß oder klein? Setze die fehlenden Buchstaben bei den Sprach- und Farbbezeichnungen richtig ein.**

1. Wenn die Ampel ___ ot ist, musst du stehen bleiben, bei ___ rün kannst du gehen.
2. Wird das Gespräch auf ___ eutsch oder auf ___ nglisch geführt werden?
3. Ich rede gerne ___ nglisch, mir macht das nichts aus.
4. Ich habe unser Haus ganz in ___ lau gehalten: Die Wände sind ___ ellblau und die Böden ___ unkelblau.

WISSEN+

Bei den Wörtern ***Angst, Bange, Leid, Recht, Unrecht, Schuld*** musst du dir die Schreibweise besonders gut einprägen:

- In Verbindung mit den Verben ***sein*** und ***werden*** schreibt man sie **klein** (1).
- In Verbindung mit **anderen Verben** schreibt man sie in der Regel **groß** (2).

Ausnahme: ***leidtun***

(1) Mir ist angst und bange. – Ich bin deine Vorwürfe leid. – Das ist mir recht. – Ich weiß, dass ich schuld bin.
(2) Mach mir doch keine Angst! – Du brauchst keine Bange haben, es wird alles gut. – Gib nicht immer mir die Schuld.

ÜBUNG 5 **Trage die Wörter in der richtigen Schreibweise in die Lücken ein.**

1. *Angst oder angst?* Obwohl ich im Dunkeln ______ habe, zwinge ich mich, abends noch aus dem Haus zu gehen. Man muss seine ______ besiegen! Doch heute ist mir wirklich ______, ich habe ein ungutes Gefühl. Ich denke, ich bleibe zu Hause!
2. *Leid* oder *leid?* Es tut mir ______, dass ich dir mein ______ klagen muss, aber ich bin es wirklich ______!

ÜBUNG 6 **Schreibe die Sätze in der richtigen Schreibweise in dein Übungsheft.**

gutes aus europa

der schweizer käse schmeckt mir am besten, obwohl der holländische gouda auch nicht zu verachten ist. belgische pralinen mag ich gerne, doch auch die engländer können gute Süßwaren herstellen. das bier in düsseldorf, das düsseldorfer alt, ist ebenso bekannt wie der italienische wein. doch auch die franzosen haben guten wein, vor allem aber sind die französischen croissants ein genuss.

6.2 Getrennt- und Zusammenschreibung

Verbindungen von **Verb + Verb** schreibt man in der Regel getrennt.	zeichnen können – baden gehen
Achtung: Verbindungen von Verb + *bleiben* oder *lassen* kann man sowohl getrennt als auch zusammenschreiben, wenn die Verbindung eine eigene (übertragene) Bedeutung hat.	sitzen bleiben oder sitzenbleiben *(in der Schule) – aber nur:* sitzen bleiben *(auf dem Stuhl)*
Auch das Verb *kennenlernen* darf man getrennt und zusammenschreiben.	kennen lernen *oder* kennenlernen
Außerdem trennt man Verbindungen mit Verben, wenn	
▪ einer der Bestanteile das Verb ***sein*** ist,	da sein – sein lassen – beisammen sein
▪ **Partizip + Verb** eine Wortgruppe bilden.	getrennt schreiben – gefangen nehmen
Verbindungen mit einem **Substantiv** schreibt man **getrennt**, wenn das Substantiv **eigenständig** ist.	Rad fahren – Ski laufen – Karotten schälen – Plätzchen backen
Man schreibt aber u. a. dann zusammen,	
▪ wenn in einer Verbindung aus **Substantiv + Verb** das Substantiv **verblasst** ist,	teilnehmen – heimgehen – fehlleiten – wettmachen – eislaufen – kopfstehen
▪ wenn die Wortverbindung als Ganzes **substantiviert** wird.	Das **Radfahren** hat großen Spaß gemacht, das **Schlittschuhlaufen** auch.
Verbindungen aus **Adjektiv + Verb** werden **zusammengeschrieben,** wenn sie einen **festen Begriff** bilden. Ist dies nicht der Fall, schreibt man getrennt.	krankschreiben – kürzertreten – heiligsprechen *aber:* laut sprechen – leise pfeifen
Achtung: Manche Fälle lassen sich leicht verwechseln. Achte auf den Kontext!	frei sprechen *(ohne Vorlage)* *aber:* freisprechen *(Richtspruch)*
Zusammenschreibung bei Verbindungen mit Adjektiven gilt außerdem, wenn	
▪ der erste Bestandteil die **Bedeutung** des zweiten Bestandteils **vermindert oder verstärkt,**	dummdreist – hellblau – feuchtwarm
▪ der zweite Teil der Verbindung kein eigenständiges Wort ist oder	blauäugig – vieldeutig
▪ zwischen den beiden Wörtern ein **Fugen-s** steht.	liebe**s**bedürftig – hilf**s**bereit – anspruch**s**los

ÜBUNG 7 **Bilde Wortgruppen, indem du zu den dargestellten Verben mindestens drei weitere Verben (auch im Partizip) findest. Schreibe sie um die Bilder herum.**

1

sprechen

2

rennen

3

lernen

ÜBUNG 8 **Trenne die Wörter voneinander und schreibe den Satz richtig auf.**

1. sobaldichachtzehnbinlerneichautofahren.
2. dasautofahrenmachtmirgroßenspaß.
3. bringmichdochbittenachhause.
4. dasnachhausebringenmachtmirnichtsaus.
5. wiesokannstdueinfachnichtsitzenbleiben?

ÜBUNG 9 **Setze die Adjektive passend zusammen, indem du sie verbindest. Schreibe sie richtig in dein Übungsheft.**

klein, urlaubs, freude, finger, dunkel, feucht, herzens, liebes, lichter

reif, loh, fröhlich, toll, gut, braun, breit, strahlend, mütig

ÜBEN

ÜBUNG 10 **Setze die Wörter in der richtigen Schreibweise passend ein.**

heim + kommen – irre + führen – stand + halten –
statt + geben – teil + haben – wett + machen

1. Ich darf ______________, wann ich will.
2. Ich kann es nicht leiden, wenn du mich ______________ willst.
3. Wie willst du das nur wieder ______________?
4. Und ich sage dir, ich werde dem ______________.
5. Der Richter wird dem Einspruch ______________.
6. Lässt du mich bitte auch ______________?

ÜBUNG 11 **Zusammen oder getrennt? Achte auf den Kontext und beschreibe kurz, ob es sich um einen festen Begriff handelt!**

1. gut + schreiben: Du hast dein Diktat ______________.
   Kontext: Kein fester Begriff → getrennt
2. gut + schreiben: Du kannst mir den Betrag ______________.
   Kontext: ______________
3. hoch + rechnen: Wir werden die Wahlergebnisse ______________.
   Kontext: ______________
4. tot + schlagen: Wir werden die Zeit wohl ______________ müssen.
   Kontext: ______________
5. groß + schreiben: Man kann es nicht sehen, du solltest ______________.
   Kontext: ______________
6. leicht verstehen: Das Buch kann man ______________.
   Kontext: ______________
7. klein + schreiben: Verben muss man ______________.
   Kontext: ______________
8. wahr + sagen: Die Frau dort behauptet, sie könne ______________.
   Kontext: ______________

ÜBEN

6.3 Dehnung und Schärfung

Unter **Dehnung** versteht man die Kennzeichnung von **lang gesprochenen Vokalen.** Dabei gibt es verschiedene Möglichkeiten:	
■ **Doppelvokal** *(aa, ee, oo),*	Saal – Saat – See – Meer – Boot
■ **Dehnungs-h,**	Dehnung – sehr – lohnen – Pfahl
■ **Dehnungs-e nach** *i.*	Sieg – Liebe – vier
Achtung: Oft steht ein langer Vokal jedoch auch **ohne** Dehnungszeichen.	Plage – Sage – Sog – Leben – Weber – Biber – wir – Lob – Woge – Tor – Schule
Unter **Schärfung** versteht man die Kennzeichnung von **kurz gesprochenen Vokalen.** Folgende Möglichkeiten gibt es:	
■ **Verdoppelung des nachfolgenden Konsonanten,** dazu zählen auch ***ck*** und ***tz,***	Ebbe – Bett – hoffen – klirren – wissen – Nenner – Pappe – backen – Mücke – Pocken – Katze – Ritze – Pfütze – Mütze – Kitz
■ **Konsonantenhäufung,** d. h. auf einen kurzen Vokal folgen zwei oder mehrere verschiedene Konsonanten.	Kampf – Stift – Lampe – Klingel – Bild – Ampel – Palme – Hälfte
Für die **s-Laute** gilt:	
■ Nach einem **betonten kurzen Vokal** steht ***ss.***	lassen – Hass – Tasse – Kissen – Boss – Schluss – kess – Blässe
■ Nach einem **betonten langen Vokal** schreibt man ***ß.***	Maß – Fuß – Schoß – schießen
■ Nach **Konsonanten** steht immer nur ein einfaches ***s.***	Pinsel – Bremse – Schubs – Hals
Treffen bei einer Wortzusammensetzung **drei gleiche Vokale oder Konsonanten** aufeinander, werden alle drei geschrieben.	Seeelefant – Schifffahrt – Brennnessel
Zur besseren Lesbarkeit kann bei zusammengesetzten Substantiven ein Bindestrich gesetzt werden.	See-Elefant – Schiff-Fahrt – Brenn-Nessel
Für das Schreiben von **Fremdwörtern** gilt:	
■ Sie enden häufig auf ***ie.***	Philosophie – Biologie – Geografie – Fotografie – Hysterie – Parodie
■ Im Wortinnern steht meist nur ein einfaches ***i,*** auch wenn es lang gesprochen wird.	Maschine – Apfelsine – Ventil – Benzin – Klima – Primel

ÜBUNG 12 **Suche zu jedem Wort mit Dehnungs-h je vier verwandte Wörter und schreibe sie auf.**

1. Stuhl: Stuhlbein,
2. Ehre:
3. zehren:
4. ermahnen:
5. prahlen:

ÜBUNG 13 **Löse das Rätsel: Welche Wörter mit langem Vokal werden gesucht?**

1. Er fliegt ein Flugzeug:
2. Derjenige, der gewonnen hat:
3. Damit kann man schießen:
4. Ohne Grenzen:
5. Eine Welle:
6. Ein Straßenbelag:
7. Daraus wachsen Pflanzen:
8. Antworten:

ÜBUNG 14 **Wie viele Konsonanten? Setze ein.**

b: E ___ e	b: E ___ ene	r: Ba ___ en	r: ba ___	l: ge ___ ten
l: Gü ___ e	r: Dü ___ e	r: Du ___ st	k: La ___	k: La ___ en
z: Schmu ___	z: Kra ___ er	z: Ran ___ en	t: Wildbre ___	t: Holzbre ___

ÜBUNG 15 **Konjugiere die folgenden Verben im Präsens. Schreibe in dein Übungsheft.**

fallen

drücken

sich betten

blicken

bummeln

ÜBEN

ÜBUNG 16 **Finde das passende Fremdwort.**

1. Kleine orange Frucht:
2. Ein großes, gefährliches Tier:
3. Anderes Wort für „Vorhang“:
4. Lehre von der Religion:
5. Eine Art pflanzliche Butter:
6. Herrschaft des Volkes:
7. Hilft bei Krankheit:

ÜBUNG 17 **Setze die angegebenen Wörter so zusammen, dass drei gleiche Konsonanten aufeinandertreffen.**

1. triefend + Fett =
2. Theater + Ballett =
3. Folie + Kunststoff =
4. Lagerung + Müll =
5. fest + Griff =
6. Ernte + Tee =

ÜBUNG 18 **Setze richtig ein: *s*, *ss* oder *ß*?**

Da __ war ein Spa __ ! Ha __ t du ge __ ehen, wie __ ie geschrieen hat, al __ ich ihr den Schub __ gegeben habe? „La __ da __ !“ Aber da __ i __ t mir egal – man mu __ mit gleichem Ma __ me __ en. Ich kann mich noch genau erinnern, da __ __ ie mir vor einem Jahr auch einen Sto __ mit dem Fu __ gegeben hat. Al __ o i __ t da __ nur au __ gleichende Gerechtigkeit. Aber du ha __ t eigentlich Recht: Jetzt i __ t Schlu __ damit. Ich werde die Vergeltung von nun an la __ en. Man mu __ ja auch verzeihen können.

6.4 Zeichensetzung

Aufzählungen:
Das **Komma** trennt die einzelnen Glieder einer Aufzählung voneinander.

Tennisspielen macht Spaß, hält fit, fördert die Koordination.

Kein Komma steht, wenn die einzelnen Glieder mit den Konjunktionen *und, oder, sowie* verbunden sind.

Tennisspielen macht Spaß **und** stärkt die Kondition.

Achtung: Sind die Glieder durch **entgegenstellende Konjunktionen** wie *aber, jedoch, doch, sondern* verbunden, wird ein Komma gesetzt.

Tennisspielen macht Spaß, hält fit, fördert die Koordination und stärkt die Kondition, **aber** man benötigt immer einen Partner zum Spielen.

Satzreihen und Satzgefüge:
Hauptsätze und Hauptsätze sowie Hauptsätze und Nebensätze werden durch **Komma** voneinander getrennt.

Hauptsatz + Nebensatz:
Ich habe keine Zeit, weil ich so viele Hausaufgaben machen muss.

Hauptsatz + Hauptsatz:
Ich kann singen, tanzen kann ich auch.

Kein Komma steht, wenn die Sätze durch **nebenordnende Konjunktionen** *(und, entweder ... oder, sowie, sowohl ... als auch, weder ... noch, wie)* verbunden sind.

Ich kann singen **und** tanzen kann ich auch.

Bei **entgegenstellenden Konjunktionen** (vgl. oben) wird ein Komma gesetzt.

Ich kann singen, **aber** tanzen kann ich auch.

Partizip- und Infinitivgruppen:
Bei einer Infinitivgruppe steht ein Komma,

- wenn sie mit ***als, (an)statt, außer, ohne*** oder ***um*** eingeleitet wird,

  Er blieb stehen, **anstatt** weiterzulaufen.

- wenn sie von einem **Substantiv** abhängt.

  Sie fasste den **Entschluss,** abzureisen.

Bei Partizip- und Infinitivgruppen steht ein Komma, wenn sie durch ein **hinweisendes Wort** angekündigt (wieder aufgenommen) werden.

Es ist nicht nett, solche Dinge zu sagen.
Gut gelaunt, **so** mochte er sie am liebsten.

In allen anderen Fällen muss kein Komma stehen, man darf aber eines setzen, um den Satz deutlicher zu gliedern.

Wir empfehlen(,) ihm zu folgen.
Wir empfehlen ihm(,) zu folgen.
Sie lief nach Hause(,) von Eile getrieben.

Zusätze und Nachträge:
Zusätze und Nachträge werden mit **Komma** abgetrennt. Eingeleitet werden diese häufig durch Wörter wie *und zwar, vor allem, nämlich, zum Beispiel, insbesondere.*

Mein neues Kleid, **es gefällt ihm sehr gut,** war teuer. – Ich mag Obst sehr gern, **vor allem Bananen.** – Lukas mag Anna, **insbesondere** ihr Lächeln.

ÜBUNG 19 **Setze die fehlenden Kommas.**

Zu den Aufgaben eines Schriftsetzers gehört die Gestaltung verschiedenster Arten von Drucksachen wie zum Beispiel Zeitschriften Kataloge Bücher und Formulare mit den Elementen Schrift Bild Farbe und Grafik. Schriftsetzer führen Texte Bilder und andere Gestaltungselemente am Computer zusammen. Ihren Arbeitsplatz haben sie in Setzereien Textverarbeitungsbetrieben aber auch in Druckereien. Darüber hinaus können sie in Verlagen Grafikbüros Medienagenturen sowie in Werbeabteilungen größerer Unternehmen tätig sein.

ÜBUNG 20 **Setze passende nebenordnende und entgegenstellende Konjunktionen in die Lücken ein und ergänze die fehlenden Kommas.**

1. Heute muss ich noch meinen Bruder von der Schule abholen das Geschirr spülen ______ Hausaufgaben machen ______ staubsaugen muss ich nicht.
2. Du sollst nicht die Aufgabe 8 in Deutsch machen ______ die Aufgabe 9.
3. Unsere Klasse macht dieses Jahr am Schulfest ______ Waffeln ______ Kaffee ______ wir bieten Dosenwerfen an.

ÜBUNG 21 **Erweitere die Sätze und setze die Kommas richtig.**

1. Timo hat keine Zeit weil ______
2. Tanja mag Gedichte obwohl ______
3. Er liebt Fußball wie ______

ÜBUNG 22 **Formuliere zu jedem Bild zwei Hauptsätze und verbinde diese, indem du eine nebenordnende oder eine entgegenstellende Konjunktion verwendest. Setze das Komma richtig. Schreibe in dein Übungsheft.**

1

2

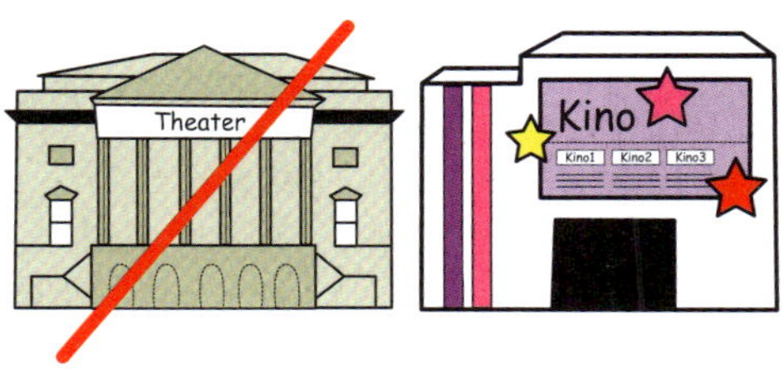

ÜBUNG 23 **Setze die Zusätze und Nachträge sowie die notwendigen Kommas ein.**

zum Beispiel Yoga – ich habe sie vor einem Monat gekauft –
den 6. Dezember – und zwar das gelbe – insbesondere Harry Potter –
es lernt leicht

1. Eines der Häuser ______ möchte ich kaufen.
2. Ich möchte nun auch Sport treiben ______.
3. Mein Kind ______ ist gut in der Schule.
4. Ich liebe alle Fantasy-Bücher ______.
5. Die Schuhe ______ sind schon kaputt.
6. Am Mittwoch ______ treffen wir uns bei Christina.

ÜBUNG 24 **Finde jeweils ein hinweisendes Wort, mit dem die Partizip- bzw. Infinitivgruppe angekündigt wird. Setze dann das Komma richtig.**

1. ______ steht der Name von guter Qualität zu sein.
2. ______ ging er dahin geheilt und ohne Beschwerden.
3. ______ lief er vor ihnen davon um schnell zu entkommen.
4. ______ wie sie es sich vorgestellt hatte.
5. Er hatte nicht ______ gedacht die Tasche mitzunehmen.

ÜBUNG 25 **Setze die notwendigen Kommas. Klammere die Kommas ein, die man setzen kann, aber nicht setzen muss.**

1. Um sich zu bedanken deshalb war er hier.
2. Es ist seine Aufgabe gebraucht zu werden.
3. Kein Problem es war schnell gekauft.
4. Wir sind gekommen um dein neues Auto zu sehen.
5. Er glaubte sie zu hören.
6. Sie stand völlig verstört und verängstigt an der Haustür.
7. So ist es geliebt zu werden.

ÜBEN

Check-up Rechtschreibung und Zeichensetzung

50 Minuten

AUFGABE 1 **Gib je drei Wortbeispiele zur Dehnung bzw. Schärfung.**

1. Dehnung durch Doppelvokal:
2. Dehnung durch Dehnungs-h:
3. Dehnung durch Dehnungs-e nach *i:*
4. Dehnung ohne Dehnungszeichen:
5. Schärfung durch Konsonantenverdoppelung:
6. Schärfung durch *ck* und *tz:*
7. Schärfung durch Konsonantenhäufung:

AUFGABE 2 **Setze ein: *s, ss* oder *ß?***

Fü ___ e	Ma ___ e	Mon ___ ter	Schu ___
bla ___	Bla ___ ebalg	Pu ___ teblume	kri ___ eln
Chri ___ tus	ri ___ ig	Bri ___ e	Prei ___
Schwei ___	Ni ___ e	nie ___ en	rei ___ en

AUFGABE 3 **Erkläre anhand der folgenden Wortverbindungen die Regeln zur Getrennt- und Zusammenschreibung.**

1. spazieren gehen, laufen lernen:
2. Rad fahren, Computer spielen:
3. heimbringen, stattgeben:
4. rotäugig, mehrdeutig:
5. anlehnungsbedürftig, anspruchsvoll:
6. schönreden, schön reden:

AUFGABE 4 **Schreibe den Text in der richtigen Schreibweise in dein Übungsheft.**

lieber stefan,
wie geht es dir? mir geht es gut, aber meinem bruder geht es am besten. er macht nämlich urlaub in der türkei. gestern kam eine karte. darauf stand, dass er sich dort bestens auf deutsch verständigen kann, aber auch englisch reden viele. der türkische kaffee ist ihm etwas zu stark, deshalb trinkt er lieber schwarzen tee. die belegung der hotels ist außerordentlich stark, es sind sehr viele gäste an seinem badeort. genügend bekanntschaften hat er wohl auch schon gemacht. er meinte, es wären sehr viele hübsche deutsche mädchen dort. auch mit den engländerinnen versteht er sich wohl gut. ich werde ihm, sobald er daheim ist, sagen, dass er sich nur dank meiner hilfe so gut auf englisch verständigen kann. sonst wäre er nicht unter den besten im unterricht gewesen.
urlaub! ich bin auch urlaubsreif, aber momentan kann ich leider nicht verreisen. die arbeit hier erledigt sich ja schließlich nicht von alleine. momentan bin ich von früh bis spät unterwegs. ich stehe morgens um sieben auf und arbeite bis abends um acht – auch samstags! das kann auf dauer nicht so weitergehen. doch bei meinen eltern ist es dasselbe in grün. wahrscheinlich habe ich mir das von ihnen abgeschaut. doch all das jammern hilft nichts.
werden wir uns bald mal wieder sehen? ich würde mich freuen! melde dich doch.
viele grüße
petra

AUFGABE 5 **Muss ein Komma gesetzt werden oder nicht? Begründe deine Entscheidung und setze das Komma, wenn nötig.**

1. Simon kann zwar gut lesen aber schreiben kann er nicht.

   Begründung:

2. Tanja kam eine Stunde zu spät sie musste beim Arzt so lange warten.

   Begründung:

3. Karla stand hier völlig durchgefroren.

   Begründung:

4. Ich liebe es Geschenke zu kaufen.

   Begründung:

5. Ich hasse aufräumen saubermachen und bügeln.

   Begründung:

6. Das ist schon in Ordnung es war ja nicht so schlimm.

   Begründung:

7.1 Zitieren und Quellenangaben

Unter einem **Zitat** versteht man die wörtliche Übernahme eines Satzes oder eines längeren Abschnitts. Indem du wiedergibst, was maßgebliche Personen gesagt oder geschrieben haben, kannst du eine **Behauptung** oder deine eigene **Meinung belegen.**	Selbst Nietzsche sagte schon: „Ein Beruf ist das Rückgrat des Lebens."
■ Das Zitat wird in **Anführungszeichen** gesetzt. ■ Es muss **originalgetreu** übernommen werden, auch bei orthografischen Besonderheiten und alter Rechtschreibung. ■ **Auslassungen** werden durch eckige Klammern mit Auslassungspunkten kenntlich gemacht. ■ Werden zum besseren Verständnis **Anmerkungen des Verfassers** in das Zitat eingebunden, so werden diese durch eckige Klammern und mit dem Zusatz „d. Verf." gekennzeichnet.	„Es gibt gewi**ß** keine andere Sprache, die derart schlampig und ohne System, und die derart wendig und schwer zu fassen ist. Man wird auf die hilfloseste Art in ihr hin und her geschleudert; und wenn man zuguterletzt endlich glaubt, man habe eine Regel zu greifen bekommen, **[...]** blättert man um und liest: ‚Der Schüler achte auf die folgenden Ausnahmen.' **[...]** Also geht man erneut über Bord, um nach einem weiteren Ararat **[Berg in der Türkei, d. Verf.]** zu jagen **[...].**" (Mark Twain: „Bummel durch Europa")
Zu jedem Zitat gehört die genaue **Quellenangabe,** die in runde Klammern gesetzt wird. Sie enthält den Autor, den Titel des Werks und die Seitenangabe (1). Stammt die Quelle aus dem **Internet,** nennst du die vollständige URL (2). Hast du für eine Arbeit mehrere Quellen benutzt, legst du ein alphabetisch geordnetes und mit allen Angaben versehenes, ausführliches **Literaturverzeichnis** an (3).	(1) (Mark Twain: „Bummel durch Europa." S. 478) (2) (http://www.duden.de) (3) Anzlinger, Dieter u.a.: Rechtschreibung 7. und 8. Klasse, Zum selbstständigen Wiederholen und Üben. Mannheim 2002. Redaktion Schule und Lernen (Hrsg.): Schülerduden Literatur. Mannheim 2005. Twain, Mark: Bummel durch Europa. Frankfurt am Main 1997.
Textpassagen können nicht nur im genauen Wortlaut, sondern auch durch **indirekte Rede** (1) oder **sinngemäß** (2) wiedergegeben werden. Hier entfallen die Anführungszeichen. Die Quellenangabe wird mit „vgl." angegeben.	(1) Mark Twain stellte fest, dass die deutsche Sprache mehr Ausnahmen als Regeln kenne (vgl. S. 528). (2) Mark Twain fühlt sich hilflos angesichts der Schwierigkeiten der deutschen Sprache (vgl. S. 528).

ÜBUNG 1 **Setze vor und nach jedem Zitat die Anführungszeichen.**

Mark Twain hat erhebliche Schwierigkeiten beim Lernen der deutschen Sprache. So beklagt er zum Beispiel: Der Erfinder der Sprache scheint Spaß daran gehabt zu haben, sie auf jede mögliche Art zu komplizieren, die ihm eingefallen ist. Um ehrlich zu sein, verstehe ich nicht so richtig, was an unserer Sprache so kompliziert sein soll. Ich muss jedoch zugeben, dass es mir bei dem folgenden Beispiel, das Mark Twain gibt, klarer wurde: Manche deutschen Wörter sind so lang, dass man von ihnen eine Aussicht genießen kann. Man schaue sich folgende Beispiele an: Freundschaftsbezeigungen. Dilettantenaufringlichkeiten. Stadtverordnetenversammlungen. Diese Dinge sind keine Wörter, es sind alphabetische Prozessionen. (Mark Twain: „Bummel durch Europa“)

ÜBUNG 2 **Setze in die Klammern innerhalb des Zitats passende Anmerkungen.**

„Wir [ ] stiegen in einem Hotel in der Nähe des Bahnhofs ab. Am nächsten Morgen [...] wurde unsere Aufmerksamkeit auf etwas gelenkt, das sich gegenüber vor einem anderen Hotel ereignete. Zuerst erschien die Person, die man den Portier [...] nennt, in der Tür, gekleidet in eine blitzblanke neue blaue Stoffuniform, die mit glänzenden Messingknöpfen und mit Bändern aus goldener Spitze an der Mütze und den Manschetten [ ] verziert war; außerdem trug er weiße Handschuhe. Er warf einen dienstlichen Blick auf die Lage und begann dann, Befehle zu erteilen. Zwei Mägde [ ] kamen mit Eimern und Besen und Bürsten und unterzogen den Gehweg einem gründlichen Schrubben.“ (Mark Twain: „Bummel durch Europa“)

ÜBUNG 3 **Schreibe den folgenden Auszug aus Mark Twains Buch „Bummel durch Europa“ als Zitat in dein Übungsheft. Setze dabei, wo möglich, Auslassungszeichen.**

Am nächsten Morgen nahmen wir unser Frühstück im Garten unter den Bäumen ein, ganz nach einer reizenden deutschen Sommersitte. Die Luft war angefüllt vom Duft der Blumen und wilden Tiere; der lebende Teil der Menagerie der „Schenke zum Naturalisten“ umgab uns von allen Seiten. Da waren große Käfige, die dicht von flatternden und schwatzenden fremdartigen Vögeln bevölkert waren, und andere Käfige und größere Pferche aus Draht, die gleichermaßen vor einheimischen und exotischen Vierfüßlern wimmelten.

ÜBUNG 4 **Nimm drei Bücher aus deinem Bücherregal und erstelle damit ein Literaturverzeichnis.**

ÜBUNG 5 **Stelle den Auszug aus dem Buch „Bummel durch Europa“ von Mark Twain als indirektes Zitat dar. Schreibe in dein Übungsheft.**

Seite 510: „Ein durchschnittlicher Satz in einer deutschen Zeitung ist eine erhabene und beeindruckende Kuriosität; er nimmt ein Viertel einer Spalte ein; er beinhaltet alle zehn Redeteile – nicht in der regulären Reihenfolge, sondern gemischt; er ist hauptsächlich aus Komposita aufgebaut, die sich der Autor aus dem Stegreif ausgedacht hat und die man in keinem Wörterbuch finden kann – sechs oder sieben Wörter zu einem einzigen zusammengepresst, ohne Gelenk oder Naht – d. h. ohne Bindestriche; [...].“

ÜBUNG 6 **Stelle den Auszug aus dem Buch „Bummel durch Europa“ von Mark Twain als sinngemäßes Zitat dar. Schreibe in dein Übungsheft.**

S. 513/514: „So fragt mein Lehrbuch beispielsweise nach einem bestimmten Vogel [...]: ‚Wo ist der Vogel?‘ Nun, die Antwort auf diese Frage ist – laut Buch –, dass der Vogel wegen des Regens in der Schmiede wartet. Natürlich würde dies kein Vogel tun, aber man muss sich eben ans Buch halten. Nun gut, ich fange also an, das nötige Deutsch für die Antwort zusammenzukratzen. Ich beginne notwendigerweise am falschen Ende, denn so macht man das im Deutschen. Ich sage mir ‚Regen ist Maskulinum‘ – oder vielleicht Femininum – oder möglicherweise Neutrum – es ist zu aufwendig, das jetzt nachzuschlagen. Deshalb heißt es entweder *der* Regen oder *die* Regen oder *das* Regen, je nachdem, welches Geschlecht sich als das richtige herausstellt, wenn ich nachschaue. Im Interesse der Wissenschaft werde ich einmal von der Hypothese ausgehen, Regen sei Maskulinum. Schön – dann heißt also ‚the rain‘ *der* Regen, sofern er sich einfach im ruhenden Zustand des Erwähntwerdens, ohne Erweiterung oder Diskussion, befindet – im Nominativ. Aber falls dieser Regen in ganz allgemeiner Art beispielsweise auf dem Boden herumliegt, dann ist er definitiv einem Ort zuzuordnen, dann tut er etwas – nämlich sich ausruhen (was in der deutschen Grammtik eine Vorstellung davon ist, etwas zu tun), und das wirft den Regen in den Dativ und macht ihn zu *dem* Regen.“

ÜBEN

7.2 Exzerpieren

Unter **Exzerpieren** (lat. „excerptus“ = „das Herausgepflückte“) versteht man das Herausschreiben **wichtiger Inhalte** als Stichworte oder Zitate aus Texten. Dieser Auszug wird **Exzerpt** genannt.

Meist geht dem Exzerpt eine Fragestellung voraus, die auf der Grundlage eines oder mehrerer Texte beantwortet werden soll.

Fragestellung:
Was versteht man unter Terrorismus?
Welche Erscheinungsformen gibt es?

Ziel des Exzerpts ist es, wichtige Informationen schnell wieder zur Hand zu haben, ohne den Text dafür erneut lesen zu müssen.

Im Exzerpt werden **Argumente, Gedankengänge und Literaturhinweise** aus dem gelesenen Text gesammelt und um eigene **Ideen** und **Querverweise** erweitert.

Terrorismus = „hauptsächlich politische, aber auch religiös motivierte Anwendung oder Androhung von Gewalt durch extremistische Gruppen und Einzelpersonen“ (Zeilen 11–12).
Beispiele für politische Motivation?
Religiöse Motivation?

Arbeitsschritte beim Exzerpieren:
- Lies den Text sorgfältig.
- Schlage Fremdwörter nach.
- Fasse den Inhalt gedanklich in eigenen Worten zusammen.
- Finde **Gliederungsmöglichkeiten** (1).
- Schreibe **wichtige Textstellen** auf in Form von Zitaten (↑ Kap. 7.1) (2), eigenen Worten (3) und Stichworten (4). Wichtig ist hier, dass du nicht nur Textstellen herausschreibst, sondern diese um **eigene Gedanken** ergänzt (5). Nur dann ist ein Exzerpt hilfreich.

(1)

extremistische Gruppen	extremistische Einzelpersonen

(2) „Terroristen versuchen, mit Anschlägen, Attentaten, Sabotageakten und Entführungen die bestehende Staats- und Gesellschaftsordnung zu stürzen.“ (Zeilen 20–22)
(3) Beispiel für Terrorismus in Europa: RAF in den 1970er- und 80er-Jahren
(4) Neonazis, ETA, IRA, Hamas, El Kaida
(5) IRA wann und wo? Ziele?
Neonazis: Beispiel Berlin!

Vermerke im **Exzerptkopf** Autor, Titel, Erscheinungsort und -jahr des Textes, Verfasser des Exzerpts und Zeitpunkt der Abfassung des Exzerpts.

Redaktion Schule und Lernen (Hrsg.): Schülerduden Politik und Gesellschaft. Mannheim 2005, S. 408–410.
Exzerpt von Stefan Stolz, gelesen im Juni 2006

ÜBUNG 7 **Lies den Text sorgfältig durch, schlage unbekannte Wörter nach und erkläre diese schriftlich in deinem Übungsheft.**

Parteiensystem

Als Parteiensystem wird die Gesamtheit der Parteien innerhalb eines politischen Systems verstanden, die in ihrem Zusammenwirken und in ihrem Wettbewerb miteinander betrachtet werden.

Parteienkonkurrenz oder Einheitspartei

Liegt, wie etwa in der ehemaligen Sowjetunion mit der KPdSU (Kommunistische Partei der Sowjetunion) als einziger zugelassener Partei, ein Einparteiensystem vor, findet ein Wettbewerb um die politische Führung eines Landes naturgemäß nicht statt. Alle anderen Parteiensysteme beruhen zumindest theoretisch auf dem Prinzip der Parteienkonkurrenz, wobei zwischen Zweiparteiensystemen mit klarer Alternative zwischen Regierung und Opposition (z. B. in den USA) auf der einen sowie Vielparteiensystemen (Mehrparteiensystemen) mit dem Zwang zur Bildung von Regierungskoalitionen auf der anderen Seite unterschieden wird. Staaten, die den Führungsanspruch einer Partei – im Falle der ehemaligen DDR den der SED (Sozialistische Einheitspartei Deutschlands) – in ihrer Verfassung verankert haben und Wahlen nach einer Einheitsliste durchführen, gelten trotz der Existenz mehrerer Parteien als verborgene Einparteiensysteme.

Einfluss in Staat und Gesellschaft

Moderne Demokratien sind Parteiendemokratien. In ihnen haben Parteien entscheidenden Einfluss auf die Organisation und Arbeitsweise von Parlament und Regierung (parlamentarisches Regierungssystem). In Deutschland ist die staatsrechtliche Stellung der Parteien durch das Grundgesetz geregelt; Art. 21 bestimmt, dass die Parteien bei der „politischen Willensbildung des Volkes“ mitwirken. Näheres über ihre innere Ordnung, die Feststellung der eventuellen Verfassungswidrigkeit einer Gruppierung und die Parteienfinanzierung ist im Parteiengesetz geregelt. […]

Historische Lehren in Deutschland

Die Entwicklung der Parteien und des Parteiensystems ist abhängig vom jeweiligen Wahl- und Regierungssystem eines Landes. Während ein Mehrheitswahlrecht den großen Parteien zugute kommt und die Regierungsbildung erleichtert, begünstigt das Verhältniswahlrecht das Aufkommen kleinerer Parteien […]. Je mehr Parteien im Parlament vertreten sind, desto komplizierter wird die Regierungsbildung. Nach der Erfahrung der ersten deutschen Demokratie, der Weimarer Republik, […] wurde 1953 in der BRD die Fünfprozentklausel eingeführt. Sie verwehrt Splitterparteien mit einem Stimmenanteil von unter 5% den Einzug ins Parlament. […]

(Redaktion Schule und Lernen (Hrsg.): Schülerduden Politik und Gesellschaft. Mannheim 2005, S. 320 f.)

ÜBUNG 8 Schreibe den Exzerptkopf für den Text aus Übung 7.

ÜBUNG 9 Für das Exzerpt des ersten Abschnitts „Parteienkonkurrenz oder Einheitspartei" (s. Übung 7) bietet sich als Gliederungsform eine Tabelle an. Trage die Überschriften sowie wichtige Stichworte ein und erweitere die Tabelle durch eigene Ideen und Gedanken.

ÜBUNG 10 Fülle das Exzerpt zum zweiten Abschnitt „Einfluss in Staat und Gesellschaft" (s. Übung 7) mit Zitaten und Stichworten sowie eigenen Notizen aus.

Parteiendemokratie:

Deutschland:

Art. 21 GG:

Parteiengesetz:

ÜBUNG 11 **Erstelle ein Exzerpt zum letzten Abschnitt des Textes aus Übung 7. Denke auch hier an eigene Notizen.**

ÜBUNG 12 **Lies den Sachtext zum Thema „Wahlsysteme" gut durch. Erweitere dann dein Exzerpt aus Übung 11 durch die neuen Informationen und schreibe dieses in dein Übungsheft.**

Wahlsysteme: Es lassen sich Mehrheits-, Verhältnis- und Mischwahlsysteme unterscheiden.

Bei der **Mehrheitswahl** bestehen u. a. folgende Verfahren: In Einerwahlkreisen (pro Wahlkreis wird ein Abgeordneter gewählt) ist derjenige Kandidat gewählt, der die relative oder absolute Mehrheit der Stimmen auf sich vereinigt. Bei absoluter Mehrheitswahl wird ein zweiter Wahlgang erforderlich (Stichwahl; meist zwischen den beiden Erstplatzierten), wenn im ersten Wahlgang keiner der Kandidaten die absolute Mehrheit erreicht. In Mehrfachwahlkreisen (pro Wahlkreis wird eine festgelegte Anzahl von Abgeordneten gewählt) hat bei Persönlichkeitswahl i.d.R. jeder Wähler so viele Stimmen, wie Mandate im Wahlkreis zu vergeben sind.

Bei der **Verhältniswahl (Proporzwahl, Listenwahl)** stellen die Parteien für das ganze Land (Einheitswahlkreis) Listen auf, zwischen denen die Wähler zu entscheiden haben.

Mischwahlsysteme kombinieren Mehrheits- und Verhältniswahlsysteme **(personalisierte Verhältniswahl)**, z. B. bei der deutschen Bundestagwahl nach dem Hare-Niemeyer-Verfahren. Die Verhältniswahl will verhindern, dass politische Minderheiten ohne Einfluss bleiben.

ÜBUNG 13 **Erkundige dich nach den Erfahrungen der Weimarer Republik mit den so genannten Splitterparteien. Füge diese Informationen ebenso in dein Exzerpt von Übung 11 ein.**

7.3 Informationen grafisch darstellen

Informationen **grafisch darstellen** heißt, Sachverhalte in Schaubilder oder Skizzen umzuwandeln.

Dies ist vor allem beim Vortrag von Referaten wichtig: Werden Sachverhalte veranschaulicht, können nicht nur deine Mitschüler sie sich besser merken, auch du kannst sicherer und freier sprechen.

Für die Vorbereitung auf eine Klassenarbeit sind grafische Darstellungen ebenso hilfreich, denn einerseits kannst du komplizierte Inhalte dadurch besser verstehen und andererseits prägen sich Sachverhalte so leichter ein.

Ergebnis einer Umfrage:
35 % aller Schüler sind für eine Ganztagsschule, 60 % sind dagegen und 5 % ist es gleichgültig.

Darstellung als Diagramm:

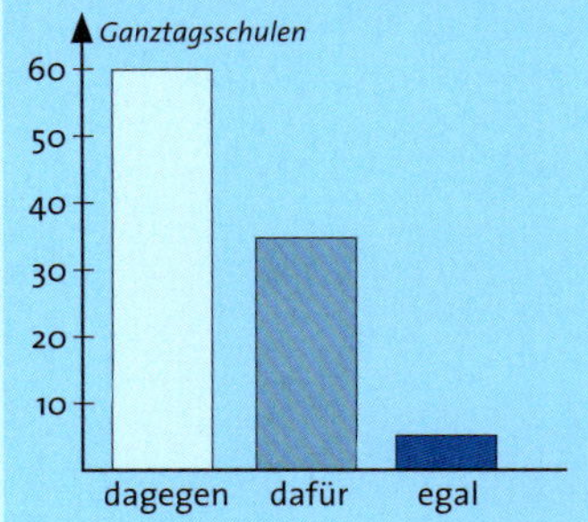

Es gibt mehrere Möglichkeiten, Informationen grafisch darzustellen, je nachdem, für welche Situation du die Darstellung brauchst:

- Diagramm,
- Tabelle (1)
- Schaubild (2),
- Skizze (3),
- Mindmap (↑ S. 32),
- Stammbaum (4),
- Zeitstrahl.

Merke: Eine Mindmap eignet sich besonders gut für die Vorbereitung von Klassenarbeiten, weil du mit ihrer Hilfe ein Thema gut überblicken und lernen kannst.

(1)

Rang	Land
1	Frankreich
2	Deutschland

(2)

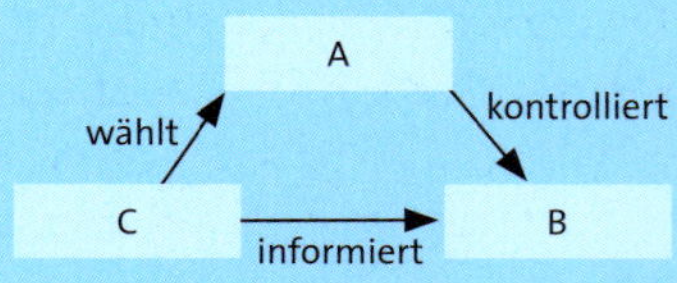

(3)

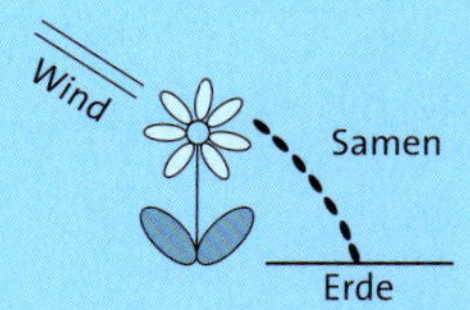

(4)

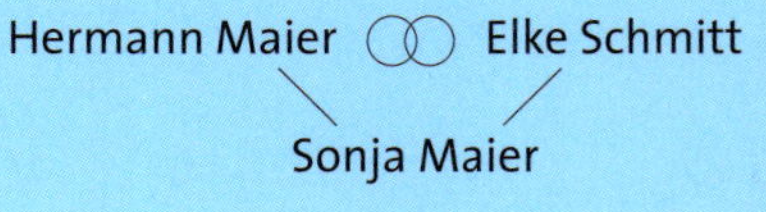

ÜBUNG 14 **Fülle das Schaubild mithilfe der Angaben aus dem Text richtig aus.**

Kirche: Man unterscheidet zwischen Volks- oder Staatskirchen (Mitglieder werden hineingeboren), Freikirchen (Mitgliedschaft wird frei gewählt) und Sekten (Lehren werden nicht als biblisch begründet anerkannt). Zu den Volks- oder Staatskirchen zählen die römisch-katholische und die evangelische Kirche, zu den Freikirchen die neuapostolische Kirche und zu den Sekten die Zeugen Jehovas wie auch Scientology.

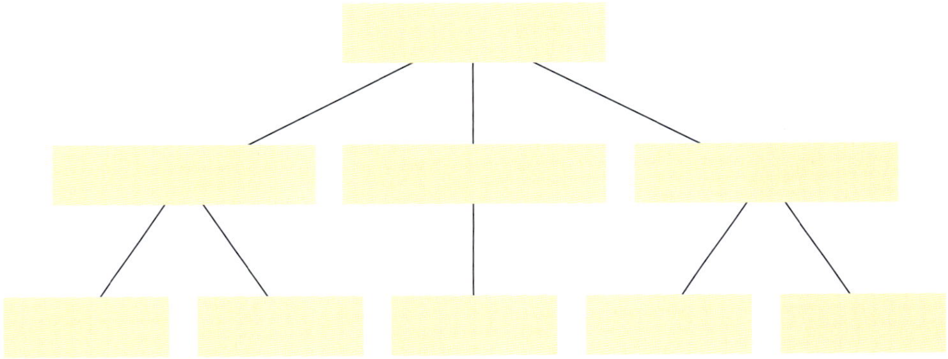

ÜBUNG 15 **Ergänze den Zeitstrahl mit den Daten aus der Kurzbiografie von Kurt Tucholsky.**

Tucholsky, Kurt, *Berlin 9.1.1890, gest. bei Göteborg (Schweden) 21.12.1935: Tucholsky wurde 1913 während seines Jurastudiums Mitarbeiter der literarisch-politischen Zeitschrift „Schaubühne". Er publizierte unter den Pseudonymen Peter Panter, Theobald Tiger, Ignaz Wrobel oder Kaspar Hauser. Die Erzählung „Rheinsberg. Bilderbuch für Verliebte" (1912), sein erstes Buch, wurde ein großer Erfolg. Drei Bände mit seinen journalistischen Veröffentlichungen folgten: „Mit 5 PS" (1928), „Das Lächeln der Mona Lisa" (1929) und „Lerne lachen ohne zu weinen" (1931). Ab 1924 lebte er größtenteils in Paris, seit 1929 ständig in Schweden.

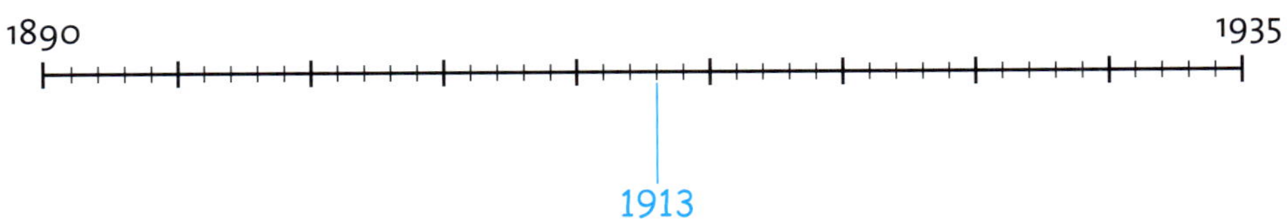

ÜBUNG 16 **Wer ist der Täter? Fertige in deinem Übungsheft eine Skizze an, um die Aufgabe besser lösen zu können.**

„Mein Handy ist weg!“, schreit Stefan plötzlich auf. Frau Weimar dreht sich um. „Was soll das heißen?“, fragt sie mit scharfer Stimme. Sie kann es überhaupt nicht leiden, wenn ihr Unterricht gestört wird. „Es ist geklaut worden!“, ruft Stefan. „Vor der letzten Stunde hatte ich es noch und jetzt ist es weg.“ Nun wird Frau Weimar hellhörig: „Wo hattest du dein Handy denn und wo wart ihr in der letzten Stunde?“ Stefan antwortet: „Ich hatte es in meinem Schulranzen. Letzte Stunde waren wir im Physikraum und ich hatte den Schulranzen hinter meinem Stuhl auf den Boden gelegt. Es muss der genommen haben, der direkt hinter mir saß.“ Ein lauter Tumult bricht los. „Ich war es nicht!“, „Ich saß vor dir!“, „Christian wars!“ „Langsam, langsam“, beruhigt Frau Weimar ihre Klasse. „Wer saß im Physikraum hinter Christian?“ Niemand meldet sich. „Also gut“, seufzt die Lehrerin, „dann muss ich wohl den Physiklehrer Herrn Dannert fragen“.
Herr Dannert erinnert sich: „Also, Stefan saß direkt vor mir, das weiß ich noch. Aber wer saß hinter ihm? Daran kann ich mich im Moment leider nicht erinnern. Dann gehe ich die anderen Schüler durch: Christian saß auf jeden Fall in der letzten Reihe, rechts von Carlo. Links neben Carlo saß Leonie. Das weiß ich noch genau, weil die beiden ununterbrochen redeten. Vor Leonie saß Georg und vor ihm Melanie. Zwischen Melanie und Stefan saß Steffi. Rechts neben Stefan saß Marc. Der Platz hinter Marc war leer. Rechts neben dem freien Platz hinter Marc saß Bernd. Er saß alleine; hinter und neben ihm war jeweils frei. Doch vor ihm saß Lisa und rechts neben dieser Susi. Ja, und rechts neben Georg kam Karl, daneben setzte sich Lotte. Hinter Lotte saß dann Christian. Das waren alle Schüler!“
„Ja“, sagt Frau Weimar zufrieden. „Und den Täter haben wir jetzt auch.“

Findest du ihn auch? Es ist ______________________________ !

ÜBUNG 17 **Fertige ein geeignetes Schaubild an, um das Amt des Bundeskanzlers/der Bundeskanzlerin darzustellen. Nimm dazu dein Übungsheft.**

Bundeskanzler/-in: Leiter/-in der Bundesregierung. In Deutschland wird der Bundeskanzler/die Bundeskanzlerin (im ersten Wahlgang) auf Vorschlag des Bundespräsidenten gewählt und vom Bundespräsidenten ernannt (Art. 63 GG). Er/sie leitet die Bundesregierung nach Maßgabe einer von ihr beschlossenen und vom Bundespräsidenten genehmigten Geschäftsordnung. Außerdem bestimmt der Bundeskanzler/die Bundeskanzlerin die Richtlinien der Politik der Bundesregierung (Art. 64 GG) und trägt für sie die Verantwortung gegenüber dem Bundestag (Richtlinienkompetenz, Art. 65 GG). Zur Vorbereitung und Durchführung der Aufgaben steht ihm/ihr das Bundeskanzleramt zur Verfügung. Im Kriegsfall steht dem Bundeskanzler/der Bundeskanzlerin die Befehls- und Kommandogewalt zu.

7.4 Protokollieren

Das **Protokollieren** ist eine Technik des Mitschreibens. In einem **Protokoll** werden wesentliche Schritte eines Ablaufs oder Ergebnisse einer Besprechung zusammengefasst. Es dient als Gedächtnisstütze und zur Dokumentation. Es bietet sich zudem an, um telefonische Vereinbarungen festzuhalten (↑ Kap. 1.2).

Vernehmungsprotokoll – Ergebnisprotokoll einer Besprechung – Protokoll über den Verlauf einer Diskussion – Protokoll einer Rede – Protokoll einer telefonischen Anfrage zu einem Praktikumsplatz

---

Achte bei deinem Protokoll auf eine übersichtliche Gliederung.

Der **Kopf des Protokolls** enthält folgende Angaben:
- Anlass und Teilnehmer,
- Datum, Uhrzeit und Ort,
- Namen des/der Protokollführenden.

Der Ablauf, die Beschlüsse oder Ergebnisse werden ohne persönliche Kommentare dokumentiert.

Am Ende steht die **Unterschrift** des/der Protokollführenden.

Protokoll der SMV-Sitzung
Anlass: Weihnachtsfeier im Dezember
Datum: 11.11.2005, Zeit: 9:30 Uhr
Ort: Aula der Realschule Dübbelsdorf
Teilnehmer: SMV, Herr Simon
Protokollführer: Fabius Finte
Diskussionspunkt: Muss jede Klasse einen Beitrag zur Weihnachtsfeier einbringen? Nach einigen Redebeiträgen wird abgestimmt.
Ergebnis: Jede Klasse muss einen Beitrag einbringen (mit 20 zu 5 Stimmen).
Fabius Finte

Bei der **sprachlich-stilistischen Gestaltung** deines Protokolls musst du Folgendes einhalten:
- Zeitform: Präsens,
- knappe Darstellung,
- sachlich-distanzierter Stil,
- Redebeiträge in indirekter Rede (1),
- Beschlüsse oder Anträge können in wörtlicher Rede aufgenommen werden; diese Zitate (↑ Kap. 7.1) werden als solche gekennzeichnet (2),
- Fragen können durch Substantivierungen (↑ Kap. 5.2) in die Antwort einbezogen werden (3).

(1) Sonja ist für einen Beitrag jeder Klasse. Sie ist der Meinung, dass sich die Klassen somit besser mit der Feier identifizieren können.
(2) Antrag von Thomas: „Wir sollten jeder Klasse freistellen, ob sie sich an der Gestaltung der Weihnachtsfeier beteiligen möchte oder nicht."
(3) Auf die Frage nach der Mitgestaltung der Weihnachtsfeier durch die einzelnen Klassen erklärt Herr Simon, dass man die Klassen nicht zwingen könne, sich zu beteiligen. Er meint jedoch weiter, dass ...

ÜBUNG 18 **Fülle anhand der folgenden Stichpunkte das Protokoll aus.**

SMV-Sitzung am 10.10.2005 in der Aula des Heinrich-Heine-Gymnasiums
Wahl des Schülersprechers und Stellvertreters
Tobias, Bianca und Michael stehen zur Wahl
Ergebnis: Tobias 6 Stimmen, Bianca 10 Stimmen, Michael 12 Stimmen
Verbindungslehrer Herr Müller gratuliert
Klassensprecher wollen eine Mützenparty veranstalten
Wo und wann?
Anke ist für den 6. Dezember in der Turnhalle
Ergebnis: am 6. Dezember in der Turnhalle, Eintritt ist frei
Getränke und Imbiss verkauft SMV
Imbiss: was verkaufen?
Nicola ist für Pizza, Sven schlägt Würstchen vor
SMV verkauft Pizza (16 zu 12 Stimmen)

Protokoll der

Datum: Uhrzeit:

Ort:

Teilnehmer:

TOP 1:

Diskussion:

Ergebnis:

TOP 2:

Diskussion:

Ergebnis:

ÜBUNG 19 **Schreibe den Gesprächsausschnitt als Protokoll in dein Übungsheft. Setze dabei die Redebeiträge in die indirekte Rede und gebe Beschlüsse und Anträge als Zitate wieder.**

Anlass: Gespräch in der Klasse über den Beitrag zur Weihnachtsfeier der Schule.

Frau Wieland: „Wie ihr wisst, hat die SMV beschlossen, dass jede Klasse einen Beitrag zur Weihnachtsfeier bringen muss. Welchen Beitrag kann unsere Klasse leisten?"
Andi: „Wir führen einen Weihnachtssketch auf!"
Britta: „Was für ein Blödsinn, da schaut doch sowieso keiner zu."
Frau Wieland: „Das stimmt nicht. In den letzten Jahren waren die Schüler immer sehr interessiert dabei, wenn Vorführungen geboten wurden."
Carmen: „Aber Theater spielen ist doof. Ich spiele auf keinen Fall, dazu habe ich keine Lust."
Dirk: „Wie wäre es, wenn wir Weihnachtsgebäck backen und verkaufen würden?"
Torsten: „Tolle Idee, dann würden wir endlich einmal wieder Geld in unsere Kasse bekommen."
Andrea: „Oder wir basteln Christbaumschmuck und verkaufen diesen!"
Dominik: „Auch nicht schlecht, aber ich glaube, Gebäck würde sich besser verkaufen."
Ein allgemeines Gemurmel erhebt sich.
Frau Wieland: „Ich denke, wir stimmen über diese beiden Vorschläge ab. Wer ist für Weihnachtsgebäck?"
12 Finger gehen nach oben.
Frau Wieland: „Wer möchte Christbaumschmuck verkaufen?"
8 Finger gehen nach oben.
Frau Wieland: „Also verkaufen wir Weihnachtsgebäck."

ÜBUNG 20 **Beziehe die Fragen in die Antworten mit ein, indem du Substantivierungen verwendest. Schreibe in dein Übungsheft.**

1

2

ÜBEN

Check-up Arbeitstechniken

70 Minuten

AUFGABE 1 **Kreuze an, was du beim Protokollieren beachten musst.**

- ☐ spannende Formulierung
- ☐ sachlicher Stil
- ☐ Präteritum
- ☐ Redebeiträge in direkter Rede
- ☐ Redebeiträge in indirekter Rede
- ☐ Einsatz von Substantivierungen
- ☐ Redebeiträge kommentieren
- ☐ Redebeiträge möglichst ausführlich wiedergeben

AUFGABE 2 **Stelle die Zahlen zu den ausländischen Bürgern in Deutschland aus dem Jahre 2003 in einem Säulendiagramm dar. Wähle für 200 000 Bürger je einen Zentimeter.**

Ausländische Bürger in Deutschland 2003
Türken 1 878 000
Italiener 601 000
Serben u. Montenegriner 568 000
Griechen 355 000
Polen 327 000
Kroaten 237 000
Österreicher 189 000

TESTEN

AUFGABE 3 **Erstelle zu dem folgenden Text ein Exzerpt. Schreibe in dein Übungsheft.**

Föderalismus

Der Begriff Föderalismus, abgeleitet von lat. foedus „Bündnis", „Staatsvertrag", ist ein politisches Gestaltungsprinzip, durch das einzelne Gliedstaaten zu einem übergeordneten Zentralstaat zusammengeschlossen werden. Anders als bei einem Einheitsstaat sind die Glieder mehr oder weniger staatlich organisiert, d. h., sie verfügen i.d.R. über ein eigenes Parlament, eine eigene Regierung und einen eigenen Verwaltungsapparat.

Ausformung in Deutschland

Im deutschen Grundgesetz untersteht die bundesstaatliche Ordnung, die einer Forderung der Besatzungsmächte nachkommt, und die Mitwirkung der Länder an der Gesetzgebung der sog. Ewigkeitsgarantie (Art. 79 Abs. 3); sie kann durch Verfassungsänderung nicht abgeschafft werden.
Deutschland ist ein Beispiel für einen Bundesstaat mit einem gemeinsamen Parlament, dem Bundestag, und dem Bundesrat als Interessenvertretung der Länder. Ihm gehören Vertreter der Länderregierungen an, sodass man auch von einem „Parlament der Regierenden" spricht.

AUFGABE 4 **Finde das Zitat im Text und setze die Anführungszeichen richtig. Forme das wörtliche Zitat dann in ein indirektes Zitat um. Schreibe in dein Übungsheft.**

Mark Twain schreibt über die Substantive: Jedes Substantiv hat ein Geschlecht, und es hat weder Sinn noch Methode, wie sich dieses verteilt; also muss das Geschlecht jedes einzelnen Substantivs auswendig gelernt werden. Es gibt keine andere Möglichkeit. Um dies tun zu können, muss man ein Gedächtnis haben wie ein Terminkalender. Im Deutschen ist ein Fräulein geschlechtslos, eine Steckrübe dagegen nicht. Man denke bloß, welch übertriebene Verehrung der Steckrübe gezeigt wird, und welch herzlose Missachtung dem Mädchen. [...] Ein Baum ist männlich, seine Knospen weiblich, die Blätter sächlich; Pferde sind geschlechtslos, Hunde männlich, Katzen weiblich [...]; Mund, Nacken, Busen, Ellbogen, Finger, Fingernagel, Fuß und der Körper einer Person sind männlichen Geschlechts, [...]. Nun, liebe Lehrer, und damit schließe ich mein Referat: Wenn selbst ein großer Autor wie Mark Twain Schwierigkeiten mit unserer Sprache hatte, dann möchte ich Sie bitten, mit uns kleinen Lichtern ein Nachsehen zu haben.

1 Sprechen

Ü1 Lösungsvorschlag:
1. weil sie selbst noch Kinder sind und nicht abschätzen können, welch große Verantwortung auf sie zukommt. **2.** weil sie zuerst ihre Ausbildung beenden sollten, damit sie nach der Babypause in ihrem Beruf arbeiten können. **3.** weil sie noch nicht die nötige Reife haben, um ihre Kinder richtig zu erziehen. **4.** weil sie das Gefühl bekommen könnten, etwas „verpasst" zu haben, da sie sich um ihr Baby kümmern, während Gleichaltrige in die Disko gehen. **5.** weil sie finanziell von ihren Eltern und/oder vom Partner sowie vom Staat abhängig sind, da sie noch kein eigenes Geld verdienen.

Ü2 Die Diskutanten machen diese Fehler: Sie unterbrechen sich gegenseitig und beleidigen sich persönlich. – Der Diskussionsleiter hat es nicht geschafft, die Diskutanten auf das ursprüngliche Thema zurückzuführen und hat mit seiner Frage „Du findest also nicht, dass ihre Operationen Erfolg hatten?" das emotionale Klima sogar noch angefacht. – Maren hat auf eine Frage nicht geantwortet und Claudia hat auf Fragen geantwortet, die nicht an Sie gerichtet waren. – Redewendungen wie „und überhaupt" sind Verallgemeinerungen und nichts sagende Phrasen, die in einer Diskussion nichts zu suchen haben. – Besser wäre es, wenn die Diskutanten hochdeutsch sprechen würden.
Hast du die entsprechenden Stellen markiert?

Ü3 Lösungsvorschlag (verkürzt):
Nun sind wir am Ende unserer Diskussion zum Thema ... Die Diskussion war ... Beide Seiten haben ..., konnten sich jedoch nicht gegenseitig überzeugen. Zusammenfassend lässt sich sagen, dass wohl jeder selbst ...

Ü4 **1.** Sachebene: Im Garten wächst Unkraut. – Beziehungsebene: Wieso hast du das Unkraut nicht gejätet? Du bist faul. **2.** Sachebene: Das Essen schmeckt. – Beziehungsebene: Sonst kochst du nicht so gut. Du kannst eigentlich nicht kochen. **3.** Sachebene: Ich kenne die Blumen nicht. Sag mir, wie sie heißen! – Beziehungsebene: Was hast du mir da für seltsame Blumen geschenkt? **4.** Sachebene: Die Wohnung ist nun geputzt. – Beziehungsebene: Immer muss ich die Wohnung putzen. Hättest du das nicht auch tun können?

Ü5 Lösungsvorschlag:
1. Ich hatte keine Zeit, es zu jäten. Ich kann ja schließlich nicht alles machen! **2.** Und sonst schmeckt es nicht, was? **3.** Wenn sie dir nicht gefallen, kannst du sie ja wegwerfen. **4.** Ich habe sie dafür das letzte Mal geputzt. Diese Woche hatte ich nun mal keine Zeit.

Ü6 Marc hat diese Fehler gemacht: unpünktlich, da zu spät losgefahren – Tür geöffnet, obwohl kein „Herein" erklungen – dem Personalchef als Erster die Hand hingestreckt – sich nicht mit seinem vollen Namen vorgestellt – Arme vor der Brust verschränkt – nichts sagende Phrasen wie „Nun ja" benutzt – keinen triftigen Grund genannt, wieso er sich bei dieser Bank beworben hat – erzählt, dass er lange nicht wusste, was er nach der Schule machen sollte – bezeichnet den Beruf des Bankkaufmanns als „nicht schlecht" – „sauberer Beruf" ist ein schlechter Grund für seine Berufswahl – überhebliche Aussage, der Beruf sei nicht anspruchsvoll – Angaben im Bewerbungsschreiben, die nicht mehr gültig sind – Bemerkung, er wäre wegen Streitereien ausgetreten und würde nicht alles mit sich machen lassen, zeigt Teamunfähigkeit – Bemerkung, er habe keine Fragen und bekomme von der Bank alles nach und nach mit, zeigt Desinteresse – Frage nach den Urlaubstagen – „Auf Wiedersehen" des Personalchefs unflätig beantwortet
Hast du diese Fehler markiert?

Ü7 Anka: 1, 2, 3, 4, 9, 10, 13
Bea: 5, 6, 7, 8, 11, 12

Ü8 Lösungsvorschlag (in Stichworten):
1. Wie viele Mitarbeiter? **2.** Wie viele Auszubildende im kommenden Ausbildungsjahr? **3.** Wie viele Auszubildende insgesamt? **4.** Welche Berufsschule? **5.** Welche Ausbildungsinhalte?

Ü9 Hier gibt es keine Musterlösung. Wichtig ist, dass du ehrlich zu dir selbst warst, es aber auch verstanden hast, deine Vorzüge und Stärken ins richtige Licht zu rücken.

Ü10 **1.** drückt Blockade aus, wirkt auch oft ängstlich; **2.** signalisiert Selbstbewusstsein; diese Körperhaltung solltest du eingekreist haben; **3.** offen und interessiert; diese Körperhaltung solltest du eingekreist haben; **4.** wirkt unsicher und ängstlich; **5.** wirkt zu selbstbewusst und überheblich

Ü11 So könnte der Notizzettel aussehen: Sender ... in ... – Telefon: ... – Personalabteilung – vorstellen (Name, Schule; Schülerpraktikum) – Zeitraum: ... – persönlich vorstellen? – Bewerbung schreiben? – Welche Unterlagen?

Ü12 Hast du an die Regeln der Höflichkeit und alle wichtigen Informationen gedacht?

Check-up Kapitel 1

A1 Diese Argumente gehören zusammen:
Nr. 1, 3, 6 – **These:** Jedes Klassenzimmer sollte einen Internetzugang besitzen.
Nr. 2, 7, 8 – **These:** Samstags sollte Unterricht stattfinden.
Nr. 4, 5, 9 – **These:** Jeder Jugendliche sollte sich im öffentlichen Leben (z.B. in Vereinen) engagieren.

A2 **1.** Sachebene: Da ist eine Spinne. – Beziehungsebene: Mach die Spinne weg! **2.** Sachebene: Der Hund ist süß. – Beziehungsebene: Ich möchte auch solch einen Hund. **3.** Sachebene: Marc war mit Lena essen. – Beziehungsebene: Du gehst nie mit mir fein essen!/Gehst du auch mit mir fein essen? **4.** Sachebene: Der Film ist lustig. – Beziehungsebene: Ich möchte den Film sehen. **5.** Sachebene: Ich mag Pizza. – Beziehungsebene: Ich möchte gerne zum Italiener essen gehen.

A3 **1.** Vorstellung; **2.** Informationen; **3.** Ruhe; **4.** Kleidung; **5.** Beruf; **6.** Regeln; **7.** Freizeit; **8.** Telefonat; **9.** Schule; **10.** Einladung
Lösungswort: Viel Erfolg

A4 Mögliche Gründe können sein:
arbeite gerne mit Menschen – interessierte mich schon immer für ... – Mein Vater/Onkel/... hat denselben Beruf; deshalb kenne ich ihn schon und weiß, was mich erwartet – habe schon ein Praktikum gemacht – möchte anderen Menschen helfen – Lernen macht mir Spaß; daher möchte ich nach dem Abitur unbedingt studieren – gute Chancen, einen Ausbildungsplatz zu bekommen

2 Schreiben

Ü1 **1.** Svenja Sonne / Sonnenstr. 2 ...
2. 29.10.2006
3. Steuerbüro Blitzgescheit ...
4. Bewerbung um einen Ausbildungsplatz
5. Sehr geehrte Damen und Herren,
6. in Ihrer Anzeige vom ...
7. Da ich sehr gerne mit Daten und ...
8. Im Berufsinformationszentrum der ...
9. Das hat mich in meinem Berufswunsch ...
10. Zurzeit besuche ich die 10. Klasse ...
11. In meiner Freizeit spiele ich ...
12. Über eine Einladung zum ...
13. Mit freundlichen Grüßen
14. Svenja Sonne
15. Anlagen

Ü2 Hier solltest du deine persönlichen Daten ehrlich und fehlerfrei eingetragen haben. Gib deine E-Mail-Adresse nur an, wenn du deine Mailbox regelmäßig leerst. Nenne als besondere Kenntnisse vor allem solche, die für deinen Beruf von Vorteil sind. Vergiss nicht, den Lebenslauf am Ende mit Datum und Unterschrift zu versehen.

Ü3 Achte darauf, dass du keine zeitlichen Lücken im Lebenslauf hast. Alle Daten müssen übereinstimmen (auch mit dem Anschreiben). Der Umfang sollte nur eine Seite betragen. Dein Foto bringst du rechts oben an.

Ü4 **1.** Computerkenntnisse; **2.** Computerkenntnisse in Grafikprogrammen, Zeichnen als Hobby; **3.** Kurs an der Volkshochschule über Erziehung, Babysitting als Hobby; **4.** Trainer im Sportverein (evtl. mit Trainerschein), Kenntnisse in verschiedenen Sportarten; **5.** Backen als Hobby; **6.** Fremdsprachen; **7.** Lesen als Hobby, Mithilfe in Schulbücherei; **8.** Freiwillige Arbeit im Tierheim, Besitz von Haustieren

Ü5 Man kann sich Kenntnisse z.B. im Verein, in Volkshochschulkursen, durch die Teilnahme an Arbeitsgemeinschaften in der Schule, durch ehrenamtliche Arbeiten oder Nebenjobs aneignen.

Ü6 **1.** a) Im **G**roßen und **G**anzen – sein **M**öglichstes b) das **b**este – alles **Ü**brige c) dem **D**ritten – zum **V**erwechseln **2.** a) **Wider**hall b) **Wider**wille c) **Wieder**holung **3.** Es freut uns sehr, dass ... und wir hoffen, dass Sie der ... Sie haben es fast geschafft, denn ... Zum Schluss wird noch ein Vorstellungsgespräch stattfinden, das aber ...
4. Diese Begriffe passen nicht: a) Aufmerksamkeit b) sachlich c) Trugschluss

Ü7 **Linear:** 1, 5, 7, 9
Dialektisch: 2, 3, 4, 6, 8, 10

Ü8 **1.** Pro; **2.** Kontra; **3.** Pro; **4.** Pro; **5.** Kontra; **6.** Kontra; **7.** Pro; **8.** Kontra

Ü9 **Pro-Argumente:** Das Schreiben von SMS ist gegenüber einem Anruf oder dem Schreiben eines Briefes Zeit sparend. – Bei vielen Anbietern können bestimmte Rufnummern sehr kostengünstig oder sogar kostenlos angewählt werden. – Mit einem Handy können die Eltern kontrollieren, wo sich ihr Kind gerade aufhält. – In Notfällen kann man mit dem Handy Hilfe holen, ganz gleich, wo man sich befindet.
Kontra-Argumente: Beim Tippen von SMS werden sämtliche Rechtschreibungs- und Zeichensetzungsregeln außer Kraft gesetzt. Dies kann dazu führen, dass die Jugendlichen die Regeln nicht mehr beherrschen. – Immer öfter bekommen Handybesitzer Kurzmitteilungen geschickt, die dazu verleiten, teure Sexnummern

anzurufen. Des Weiteren gibt es auch jugendgefährdende Spiele, die auf das Handy geladen werden können. – Handys können süchtig machen. Die sogenannte Mediensucht ist in Deutschland auf dem Vormarsch. – Ein Handy wird schnell zur Kostenfalle. Telefongespräche, SMS oder Downloads von Klingeltönen sind teuer. Die Kontrolle über die Kosten entgleitet vor allem bei Handys mit Verträgen.
(Es kann sein, dass du deine Argumente in einer anderen Reihenfolge angeordnet hast.)

Ü10 Lösungsvorschlag:
Pro-Argument: Behauptung: Mit einem Handy können die Eltern kontrollieren, wo sich ihr Kind gerade aufhält. – **Begründung:** Dadurch ist der Jugendliche immer und überall telefonisch zu erreichen. – **Beispiel:** Eltern machen sich oft Sorgen, wenn ihre Kinder mit Freunden weggehen, vor allem dann, wenn sie die Freunde nicht kennen. Hat das Kind ein Handy, können sie kurz anrufen und nachfragen, wo sich ihr Kind momentan aufhält. Dies wird sie beruhigen.
Kontra-Argument: Behauptung: Handys können süchtig machen. – **Begründung:** Jugendliche, die sich an ihr Handy gewöhnt haben, halten es oft schon keinen Tag mehr ohne dasselbe aus. Dies kann zur Sucht führen. – **Beispiel:** Das Handy ist ein ständiger Begleiter, etwa zum Spielen, Fotos schießen, simsen oder telefonieren. Wenn Jugendliche es nicht schaffen, ihr Handy auch nur einen Tag zu Hause liegen zu lassen, kann man hier schon von Abhängigkeit sprechen.

Ü11 Der zweite Satz passt am besten. Wenn man sich auf eine Statistik bezieht, erhält der Leser den Eindruck, dass man sich intensiv mit dem Thema auseinander gesetzt hat.

Ü12 Lösungsvorschlag:
Nachdem ich nun die Vorteile wie auch die Nachteile eines Handys dargelegt habe, komme ich zu dem Schluss, dass Jugendliche durchaus ein Handy besitzen sollten. Wichtig ist nur, dass sie lernen, vernünftig damit umzugehen und es als nützlichen Gebrauchsgegenstand zu betrachten. Denn das ist das Handy – nicht mehr, aber auch nicht weniger.

Ü13 Folgende Stellen solltest du markiert haben: **40 Prozent** der Kinder – die **wichtigste Freizeitbeschäftigung** – sitzen **täglich mehrere Stunden** davor – **aggressiv, fantasiearm und träge** – das steigende **Übergewicht** – die Zunahme der **Aggressivität und Gewaltbereitschaft** – **Gewalt ist cool** – den **Ton,** den Jugendliche … – **Kontrolliertes Fernsehen** ist die Lösung – **Fernsehzeit ausmachen** und **Filme** … **gemeinsam auswählen** – interessante **Alternativprogramme** anbieten.

Ü14 **1.** Was macht das Fernsehen aus unseren Kindern? **2.** Zu viel Fernsehen schadet den Kindern. **3.** Es handelt sich um einen Bericht/Kommentar. **4.** Der Text verlangt eine lineare Form der Erörterung.

Ü15 **These:** Zu viel Fernsehen ist schädlich für unsere Kinder.
Argumente: Durch das Fernsehen haben die Kinder keine Sozialkontakte mehr. (Freunde sehen gemeinsam fern oder spielen Spiele am Fernsehen.) – Die Fantasie geht verloren. – Fernsehen macht Kinder träge. – Fernsehen fördert das Übergewicht. – Fernsehen macht aggressiv und gewaltbereit. – Kinder bekommen schlechte Manieren vorgelebt.

Ü16 Hier zählt nur deine eigene Meinung.

Ü17 **Lösungsvorschlag** (verkürzt):
Im Bericht „Was macht das Fernsehen aus unseren Kindern?“ stellt Karla Kommentar die These auf, dass zu viel Fernsehen für Kinder schädlich ist.
Die Autorin belegt dies mit einer Reihe von Argumenten. So erklärt sie, dass durch das Fernsehen die Fantasie verloren geht und belegt das damit, dass das Fernsehen so viele tolle Bilder liefert, die man sich selbst überhaupt nicht vorstellen kann. Deshalb mache es auch keinen Sinn, sich anzustrengen. Des Weiteren ist Frau Kommentar der Meinung, zu viel Fernsehen fördere das Übergewicht. Nicht nur, dass das Sitzen auf dem Sofa kaum Kalorien verbraucht, auch die Knabbereien, die gerne zum Fernsehen gegessen werden, sind Kalorienbomben. Die Autorin stützt ihre These auch durch das Argument, dass die Kinder in Sendungen wie Talkshows schlechte Vorbilder sehen, was das tägliche Miteinander anbelangt. Am schlimmsten findet die Verfasserin des Textes, dass Kinder durch zu viel Fernsehen gewaltbereit und aggressiv werden. Denn wer täglich Gewalt im Fernsehen sieht, stumpft ab und kann kein Mitleid mehr empfinden.
Der Autorin ist es sehr gut gelungen, ihre Thesen mit glaubhaften Begründungen und Beispielen zu stützen, und ich gebe ihr in allem, was sie schreibt, Recht. Ich könnte noch mehr Argumente anführen, die dafür sprechen, dass das Fernsehen für Kinder schädlich ist. Nicht nur, dass zu viel Fernsehen auch die Augen verschlechtert. Wichtige Lebensinhalte, wie das Lernen für die Schule oder das Ausüben von Hobbys, werden dadurch stark vernachlässigt. Doch wie sie bin auch ich der Meinung, dass das Fernsehen nicht

nur schlechte Seiten hat. Hier hätte ich mir gewünscht, dass auch die Vorteile des Fernsehens ausführlicher aufgezählt würden.
Ihr Fazit, bewusst fernzusehen, gefällt mir sehr und ich bin überzeugt, dass dies der beste Weg ist, das „Problem Fernsehen“ zu lösen.

Ü18 Erlebnislyrik: 1, 6, 8
Liebeslyrik: 2, 7, 11
Politische Lyrik: 3, 9, 14
Naturlyrik: 5, 10, 12
Großstadtlyrik: 4, 13, 15

Ü19 Lösungsvorschlag:
Spaziergang im Wald – schön wie Äuglein, leuchtend wie Sterne – Blume pflücken? – nicht pflücken – Blume spricht – Blume ausgraben – blüht nun zu Hause – Dichter erzählt von sich – Dichter mag Natur

Ü20 **1.** 5 Strophen; **2.** Jambus; **3.** Dichter erzählt (lyrisches Ich). **4.** Teils ungewöhnliche Stellung der Satzglieder. **5.** Nein, je vier Verse bilden eine Strophe, diese ist jeweils durch einen Absatz von der nächsten Strophe getrennt; sauberer, ordentlicher äußerer Eindruck. **6.** Am Ende einer Strophe Punkt oder Fragezeichen, dazwischen teilweise Kommas oder Semikolon. **7.** Insgesamt 20 Verse, jeweils vier ergeben eine Strophe.
8. abcb; Endreim jeweils bei den Versen 2 und 4; die Verse 1 und 3 ohne Reim.

Ü21 Vergleiche, Euphemismus

Ü22 Beispiel für Vergleich: „Wie Sterne leuchtend“ – Beispiel für Euphemismus: „zum Welken gebrochen“
Sieh dir auf S. 26 nochmals den Aufbau einer Gliederung an und überprüfe deine Lösung genau.

Ü23 Das Gedicht, das auf den ersten Blick wie ein Naturgedicht wirkt, ist ein Liebesgedicht. Mit der Blume, die nicht gebrochen werden soll, ist Christiane Vulpius gemeint.

Ü24 **1.** Christiane; **2.** Christiane; **3.** Er könnte es nicht ernst meinen; **4.** Ihr Ruf wäre zerstört; sie hätte es schwer, einen neuen Mann zu finden, der sie heiratet. **5.** Er lebt mit ihr in seinem Haus zusammen; **6.** Für die Hochzeit. **7.** Dass es ihr nun gut geht; vielleicht auch, dass sie Kinder bekommt und sich so „verzweigt“ (fortpflanzt).

Ü25 Lösungsvorschlag:
Das Gedicht scheint auf den ersten Blick ein Naturgedicht zu sein. Tatsächlich handelt es aber von Goethes Liebe zu seiner Frau Christiane Vulpius und ihrer Beziehung zueinander. Die äußere Form des Gedichts ist unauffällig. Es besteht aus fünf Strophen mit je vier Versen. Die einzelnen Strophen sind durch Absätze voneinander getrennt. Möchte Goethe damit ausdrücken, dass sich auch seine Beziehung zu Christiane unauffällig gestaltet? Ich denke nicht, da die Gleichmäßigkeit des Aufbaus von dem etwas ungewöhnlichen Reimschema gestört wird. Hier reimen sich die letzten Wörter der Verse 2 und 4; bei den Versen 1 und 3 gibt es allerdings keinen Endreim. So unauffällig war die Beziehung offenbar nicht, was Informationen aus Goethes Zeit auch bestätigen.
Goethe benutzt in seinem Gedicht einige Vergleiche. Da man davon ausgehen kann, dass mit der Blume im Gedicht Christiane gemeint ist, beziehen sich die Vergleiche also auf seine Frau. Für ihn hat sie ein wunderschönes, leuchtendes Aussehen. Das ist eine schöne Liebeserklärung. Dies herauszustellen schien ihm wichtig gewesen zu sein, denn die betreffenden Stellen („Wie Sterne leuchtend, Wie Äuglein schön“) fallen auch durch den ungewöhnlichen Satzbau auf.
Der Euphemismus für „Tod“ bzw. „Sterben“ in dem Gedicht („Soll ich zum Welken Gebrochen sein“) zeigt Christianes Angst, Goethe könnte sie wieder fallen lassen. Dies würde ihren gesellschaftlichen Ruf zerstören und sie wäre seelisch tief verletzt. Doch Goethe gräbt sie aus und pflanzt sie in seinen Garten. Er hält also zu ihr und heiratet sie – wenn auch erst nach 18 Jahren.
„Nun zweigt es immer/Und blüht so fort“: Christiane fühlt sich wohl im Haus Goethes und pflanzt sich fort, indem sie ihm Kinder schenkt.

Ü26 Hier gibt es keine Musterlösung. Du solltest schreiben, ob und wie dich das Gedicht anspricht und dies auch begründen. Ist es dem Dichter gelungen, seine Intention deutlich zu machen? Betrachte das Gedicht auch in seiner Entstehungszeit (1806).

Ü27 Hier zählen nur deine eigenen Gedanken.

Ü28 Sicher hast du viele Adjektive gefunden.

Ü29 Hier gibt es keine Musterlösung. Du solltest jedoch darauf achten, die Merkmale der gewählten Textsorte einzuhalten. Bei einem Gedicht wären das etwa die Verse und Strophen sowie das Reimschema. Bei einer Kurzgeschichte der offene Anfang und der ungelöste Schluss. Überprüfe deinen Text auf seine Gattungsmerkmale und verbessere ihn, falls nötig.

Ü30 Hier zählen nur deine eigenen Ideen.

Ü31 Lösungsvorschlag:
Mein Lehrer
Der Lehrer sah mich mit Blicken an,
die ich nicht mehr vergessen kann,

ich hörte seinen Puls laut ticken.
Und dachte reuig: Gnade mir,
kein Wörtchen Hausaufgaben kann ich dir
geben zu entgehen deinen Blicken.

Ü32 Lösungsvorschlag:
Wie sah der Seehund aus? – Was passierte dann? – Wie genau blickte der Seehund? – Hat der Dichter ihm Fische geschickt? – Was hat der Seehund wohl gedacht? – Hat der Dichter sich noch mehr Gedanken über den Seehund gemacht?

Ü33 Hier gibt es keine Musterlösung.

Ü34 Sicher hast du einen schönen Dialog entwickelt.

Ü35 Hier sind mehrere Möglichkeiten denkbar. Sicher hast du gute Ideen gehabt.

Check-up Kapitel 2

A1 Dies gehört in den Lebenslauf:
Hobbys – Sebastian Schlauer – Schulbildung – 03.2006 Polizei in Schlaudorf – deutsch – Geburtsdatum – Unterschrift – Eltern – Besondere Kenntnisse
Alles andere solltest du durchgestrichen haben.

A2 Die richtige Reihenfolge:
Sebastian Schlauer – Geburtsdatum – deutsch – Eltern – Schulbildung – 03.2006 Polizei in Schlaudorf – Besondere Kenntnisse – Hobbys
Achte beim Schreiben des ausführlichen Lebenslaufs darauf, dass du alle Angaben aufgenommen hast (↑ S. 15).

A3 Sieh im Wissenskasten auf S. 18 nach und überprüfe dann nochmals deine Lösung.

A4 **1.** Argumentation; **2.** linearer – dialektischer; **3.** steigernde – eine Seite; **4.** Fragestellung; **5.** kontroverse – zwei Positionen; **6.** Pro- und Kontra-Argumente; **7.** steht eine persönliche Stellungnahme; **8.** freien; **9.** linearer – dialektischer; **10.** textgebundenen; **11.** dialektisch

A5 Lösungsvorschlag für zwei Themen:
Ganztagsschule: linear: Wieso sollten alle Schulen Ganztagsschulen sein? – dialektisch: Sollten alle Schulen eine Ganztagsbetreuung anbieten?
Taschengeld: linear: Aus welchen Gründen ist es sinnvoll, dass jeder Jugendliche ein regelmäßiges Taschengeld erhält? – dialektisch: Sollten Jugendliche regelmäßig Taschengeld erhalten?

A6 Lösungsvorschlag für ein ausführliches Argument:
Lineare Bearbeitung: Die Anzahl der Jugendstraftaten steigt unaufhaltsam. Nenne mögliche Ursachen.
Behauptung: Jugendliche begehen Straftaten aus Langeweile.
Begründung: Viele Jugendliche haben keine Hobbys mehr. Die Eltern arbeiten und haben nicht so viel Zeit für ihre Kinder.
Beispiel: Jugendliche, die nicht in einer Ganztagsschule untergebracht sind, sind gegen 13 Uhr zu Hause. Zwei Stunden später haben sie gegessen und ihre Hausaufgaben gemacht. Dann liegt noch der ganze Nachmittag und Abend vor ihnen. Sie gehen auf die Straße, um Freunde zu treffen. Aus Langeweile (weil „nichts passiert") begehen sie Vandalismus oder Diebstähle.

A7 **1.** früher Morgen; **2.** sehr ruhig; **3.** Der Nebel löst sich auf. **4.** gegen Mittag; **5.** Die Bäume im Herbst leuchten in den schönsten Farben. **6.** rot, gelb, orange. Das Gedicht erzeugt eine ruhige, friedliche Stimmung.

A8 2.1.1 äußere Form
6 Verse, eine Strophe
2.1.2 innere Form
Reimschema: abaccb
Metrum: Jambus
2.1.3 Erzählperspektive
Der Betrachter spricht als Beobachter über das Naturereignis.
2.1.4 sprachliche Bilder und stilistische Figuren
Der Dichter möchte eine ruhige, friedliche Stimmung beim Leser erreichen. Dies schafft er auch durch das beruhigende Versmaß sowie durch die Kürze des Gedichts. Außerdem benutzt er viele Wörter, die wir mit Ruhe assoziieren wie „träumen", „warm", „Gold", „Schleier".

A9 Hier gibt es keine Musterlösung.

3 Literatur

Ü1 **1.** Epigramm; **2.** Ode; **3.** Kirchenlied; **4.** Elegie; **5.** Sonett; **6.** Figurengedicht

Ü2 Lösungsvorschlag:
Gryphius beschreibt in seinem Gedicht „Thränen des Vaterlandes" den Zustand des Deutschen Reiches nach dem Dreißigjährigen Krieg („Der frechen Völcker Schaar"): Tod, Pest und Hunger beherrschen das Land. Die Menschen sind seelisch zerstört („Die Jungfern sind geschänd't"). Das Kaisertum kämpft, um sich an der Macht zu halten („die Starcken sind zerhaun"). Die Kirche ist in sich uneins und hält an der Hexenverfolgung fest („die Kirch ist umgekehret"). In der letzten Zeile des Gedichts beschreibt Gryphius,

LÖSUNGEN

was für ihn am schlimmsten ist: „D as auch der Seelen Schatz / so vilen abgezwungen." Das heißt, dass die Menschen keinen Glauben und keine Hoffnung mehr haben: Sie haben ihre Seele verloren.

Ü3 Theater im Barock war ein großartiges Ereignis. Die Bühne und der Zuschauerraum waren prunkvoll dekoriert, der Saal war voller interessierter Leute (vermutlich Adlige). Es muss etwas sehr Besonderes gewesen sein. Die Bühne ist mit antiken Statuen geschmückt. Möglicherweise bedeutet das, dass man Wert auf Kultur und Tradition legte.

Ü4 **1.** Tragödie (Tragödien spielten vorwiegend in der höfischen und geschichtlichen Welt.)
2. Komödie (Die Protagonisten von Komödien waren eher Menschen aus niederen Ständen.)
3. Tragödie

Ü5 **1.** Sein; **2.** Zerstörung; **3.** Armut; **4.** Ernst; **5.** Zeit/Augenblick; **6.** Verfall

Ü6 **Wiederholung von Wörtern:** O Wärm! O Lebens-Trieb! O Freud!
Antithetik: Müdigkeit – Hoffnung, Tod – Licht, Sonn'– dunckel
Verzicht auf Bindewörter und Satzglieder: O Gott vor dich zu gehen, O meiner Seelen-Licht
Metaphern: schwartze Kleid der Nacht
Tendenz zur Anrede: Laß deines Sohnes Sonn'
Vanitas-Motive: Sonnen-Untergang – Nacht – Tod – Müdigkeit

Ü7 **Abendandacht**
Der Sonnenuntergang geht einher mit dem Abendrot des Himmels,
Die Nacht fällt sodann herab wie der Schlaf, der ein halber Tod ist.
Ich bin müde und entkleide mich in der Hoffnung, morgen früh wieder aufzustehen.
Doch, o Gott, es reizt mich, zu dir zu kommen und dich zu sehn.
Doch die Sonne verschwindet. Du, Licht meiner Seele, bleibst bei mir.
Bleibt da, Wärme, Lebenstrieb und Freude!
Lass die Sonne von Jesus am Himmel, damit meine Seele am Tage nie wieder dunkel wird.

Ü8 **1.** Thema: Lebenswind, ewig lichte Flammen – Schauplatz: Erde, Himmel; **2.** Thema: Geisterreich – Schauplatz: Nacht; **3.** Thema: Wunder Gottes – Schauplatz: die weite Welt; **4.** Thema: Liebe; **5.** Thema: neues Leben, Frieden – Schauplatz: Grüfte
Die Literatur der Romantik hat als Motiv häufig die Natur, das Leben, das Wandern und Reisen sowie die Erde und das Geisterreich (Natürliches und Übernatürliches). Auch Liebe und Frieden sind wichtige Themen. Die Schauplätze sind dementsprechend Erde und Himmel, die Natur wie auch Friedhöfe und Burgen oder Ruinen.

Ü9 **Vater:** arbeitet immerzu, hat eine eigene Mühle, kann sein Leben wegen der vielen Arbeit nicht richtig genießen, hat kein Verständnis für Natur und „Faulheit" – **Taugenichts:** erfreut sich der Natur, lässt sich statt Arbeit lieber die Sonne ins Gesicht scheinen
Bootsfahrt: lustige, fröhliche Runde, oberflächliches Vergnügen – **Taugenichts:** singt mit Inbrunst Volkslieder, hegt tiefe Gefühle für die Dame
Beruf als Zolleinnehmer: angesehener, wichtiger Beruf, Zolleinnehmer bekommen ein eigenes Häuschen – **Taugenichts:** genießt das vornehme Leben, ist davon beeindruckt
Portier: möchte Kartoffeln statt Blumen, Kartoffeln sind nützlicher – **Taugenichts:** pflanzt lieber schöne Blumen, an denen er sich erfreuen und seiner Angebeteten eine Freude machen kann
Der Taugenichts ist hin- und hergerissen zwischen den beiden Welten („Ich blickt noch oft zurück, mir war gar seltsam zumute").

Ü10 Hier zählen nur deine eigenen Ideen.

Ü11 ... dass auch ein vermeintlicher „Taugenichts" Erfolg im Leben haben kann. Der Autor heißt den Lebensstil der Hauptfigur gut.

Ü12 Originalgedicht von J. von Eichendorff:
Sehnsucht
Es schienen so **golden** die **Sterne,**
Am Fenster ich **einsam** stand
Und hörte aus weiter **Ferne**
Ein Posthorn im **stillen** Land.
Das **Herz** mir im Leib entbrennte,
Da hab ich mir **heimlich** gedacht:
Ach wer da **mitreisen** könnte
In der prächtigen **Sommernacht!**

Ü13 Originalgedicht: Reisemotiv

Ü14 **Lösung** in Stichworten:
Zu Beginn mehrere Strophen mit je vier Zeilen, Kreuzreim (abab). Erstes Kapitel: Lasterhaftigkeit der Welt. Letztes Kapitel: Text ohne Absätze, Paarreim (aabb); Engel und Teufel kämpfen gegeneinander um Helenes Seele. Autor kritisiert die Gottlosigkeit der Menschen.

Ü15 Wilhelm Buschs Geschichte „Die fromme Helene" ist als Satire zu sehen (↑ Kap. 4.2). Er möchte mit der Bildergeschichte die anständigen Bürger aufs Korn nehmen und übt dabei Kritik an der Gesellschaft. Dies zeigt sich deutlich am letzten Satz der Geschichte: „Der heil'ge Franz ist auch schon da." (Franz ist in diesem Fall der Vetter der Helene, der sich zwar sehr christlich gibt, jedoch die Religion so nicht lebt.) Busch rechnet mit den Menschen ab, die sich nach außen als brave und religiöse Bürger zeigen, es aber nicht wirklich sind.

Ü16 1. westfälischer Adel; streng katholische und konservative Erziehung; 2. Meersburg (Bodensee); 3. Märchensammlung der Gebrüder Jacob und Wilhelm Grimm; 4. „Der Knabe im Moor"; 5. „Die Judenbuche"

Ü17 Der Maler zeichnet die Wirklichkeit genauso ab, wie sie ist. Typisch ist auch, dass gewöhnliche Menschen (Feldarbeiterinnen) und soziale Umstände der Gesellschaft dargestellt werden und nicht der Adel oder wichtige Persönlichkeiten.

Ü18 Lösungsvorschlag:
Die Arbeit
Heiß, so heiß ist es auf dem Feld,
Drückt der Himmel seine Schwüle auf uns.
Weit, so weit ist das Feld.
Zieht sich in die Länge und bedeutet so viel Arbeit.
Nur nicht nachdenken,
Am besten weiterarbeiten,
Mich kriegt niemand unter.
Wenn nur die Hitze nicht wäre!
(Das Originalgedicht ist von Annette von Droste-Hülshoff: „Die Krähen".)

Ü19 Im naturalistischen Drama wurden bisher tabuisierte Themen, Kritik am Bürgertum und an dessen Doppelmoral sowie Probleme der Gesellschaft aufgearbeitet. Genau dies findet sich auch in Gerhart Hauptmanns Drama „Die Ratten".

Ü20 Diese Merkmale solltest du markiert haben: *Schüler – Maurerpolier – Licht von einer brennenden Lampe erhält, die von der Mitte der Decke über einen runden Tisch herunterhängt – eisenbeschlagenen Tür mit einer primitiven Schelle* – Ick sag't ja – schlechten Halunken Merkmale des naturalistischen Dramas sind die **genauen Regieanweisungen,** die **Volkssprache** sowie die damit einhergehende derbe Ausdrucksweise.

Ü21 Die Regieanweisungen in Hebbels „Maria Magdalena" sind viel knapper als im naturalistischen Drama Hauptmanns. Die Sprache ist nicht die Sprache des Volkes, sondern eine gehobene Sprache ohne Dialekt. Beide Dramen handeln von gewöhnlichen, einfachen Menschen.

Check-up Kapitel 3

A1 **Sonett:** Lyrikform aus 14 Zeilen, ...
Elegie: Bezeichnung für ein Trauer- oder ...
Ode: eine meist von Musik begleitete ...
Epigramm: literarische knappe Aussage ...
Figurengedicht: Gedicht, das durch ...
Kirchenlied: Lied in Strophenform ...

A2 Wunder Gottes – Gefühle

A3 Vergleiche deine Lösung mit S. 45.

A4 1. Romantik (Heinrich Heine); 2. Poetischer Realismus (Annette von Droste-Hülshoff)

A5 1. Novelle; 2. Drama; 3. Die Judenbuche; 4. Theodor Fontane; 5. Naturalismus

A6 Folgendes solltest du markiert und zugeordnet haben:
Dialekt: Sind Se bedankt – A paar Fenniche uf Vorschuss hätte ich doch halt a so neetig
Derbe Ausdrücke: stimmt's etwa wieder nich?
Genaue Regieanweisungen: Geld aufzählend – dreißigjährig, sehr abgezehrt, streicht das Geld ein mit zitternden Fingern – bewegt, flehentlich

4 Umgang mit Texten und Medien

Ü1 1. Schüler im Alter von etwa 16–18 Jahren (geschätztes Alter des Mädchens, Werbetext „Zwei neue Bände fürs Abi") 2. sich selbst im Leben finden, einiges ausprobieren und möglichst „in" sein; aber auch in der Schule Leistung zeigen, um so im Leben etwas erreichen zu können. 3. zum einen durch die Fotografie des Mädchens: Das Mädchen ist sehr hübsch und modern angezogen und macht den Eindruck einer jungen Frau, die weiß, was sie will (Gesichtsausdruck). Die Aufschrift auf dem Shirt ist witzig. In der Tasche unten sind ein CD-Player und ein Handy abgebildet. Damit soll gezeigt werden, dass Schüler, die lernen möchten, nicht auch gleichzeitig „spießig" sein müssen, sondern „cool" und „in" sein können. 4. Werbung informiert sowohl sachlich („Zwei neue Bände fürs Abi!", Angabe des Preises), spricht aber auch Gefühle an (das Mädchen weckt Sympathien). 5. „Paukst du noch oder lebst du schon?", Schlüsselwörter wären auch „Free download", „Chill-out-Breaks". 6. Jugendliche, die ihre eigene Jugendsprache benutzen und Spaß im Leben haben möchten. Der Text wurde ebenso abgefasst: Der Slogan ist witzig, die Wörter „Free download" und „Chill-out-Breaks" sind sehr moderne Wörter aus der Jugendsprache.

Ü2 Das **rechte Plakat** wird eher sein Ziel erreichen. Es ist auf die Zielgruppe (Senioren) abgestimmt und zeigt die Wirklichkeit oder eine Wirklichkeit, von der ältere Menschen träumen. Das **linke Plakat** ist sehr übertrieben. Die Zielgruppe kann sich mit den in der Disko tanzenden Senioren in jugendlicher Kleidung nicht identifizieren. Bestenfalls werden sie über das Plakat lachen, doch sie werden sich nicht dort anmelden. Wer möchte schon mit 70 auf einem Tisch tanzen müssen? Geschweige denn, dass viele ältere Leute diverse Gebrechen haben und schon gar nicht ohne Weiteres auf einen Tisch klettern könnten. Das Plakat könnte ihnen deshalb sogar etwas Angst machen.

Ü3 Lösungsvorschlag:
Synonyme: streitbar – angriffslustig – kämpferisch – leidenschaftlich – herausfordernd
Bilder: wildes Tier – Kampfarena – Schwert – Zähnefletschen – Abwechslung – Wut
Werbetexte: Frechheit! – Was soll das?
Farbe: rot – schwarz

Ü4 Lösungsvorschlag:
Synonyme: sentimental – gefühlsbetont – empfindsam – schmalzig – beseelt – rührselig
Bilder: Sonnenuntergang – Natur – alte Filme – Lagerfeuer – allein am Strand – Liebe – Idylle
Werbetexte: Ein Paradies für ... – Wie schön ... – Ich träume von ...
Farbe: rot – Pastelltöne

Ü5 Lösungsvorschlag:
1. Jugendliche zwischen 14 und 18 Jahren
2. Spaß haben – Party machen – bei Freunden und beim anderen Geschlecht gut ankommen – im Mittelpunkt stehen – der Star sein
3. begehrt – „in"
4. Synonyme: beliebt – gesellig – kontaktfreudig – aus sich herausgehen – entgegenkommend – sozial
Bilder/Assoziationen: Party – gemeinsames Essen – viele junge Leute – Kultur – Stars – Spiele – Gespräche – Lachen – gutes Aussehen – alles bekommen, was man will
Werbetexte: Du wirst schon erwartet! – Jetzt geht die Party erst richtig los – Zeig es ihnen! – Du bist der Partykönig!
Farbe: grelle, kräftige Farben
5. Party – in sein – Freunde – gutes Aussehen
6. Slogan: Partymittelpunkt sein?
Text: Jetzt kannst du es! Nimm „Hipchoc" mit und du bekommst alles, was du willst.
Plakat/Anzeige: moderner Schrifttyp – knallige Farben – viele gut aussehende Jugendliche, die Spaß haben – in der Mitte großes Bild des Schokoriegels und Slogan – Text oben und unten
7. A (Attention): Aufmerksamkeit durch grelle Farben und schöne Menschen
I (Interest): Interesse durch vorhandene Wünsche bei der Zielgruppe (Party, Star sein)
D (Desire): Kaufwunsch ausgelöst durch das Gefühl, mit diesem Schokoriegel „in" und „begehrt" zu sein
A (Action): Kauf sofort getätigt, weil Leser jetzt begehrt sein möchte und nicht erst in zwei Wochen

Ü6 Die Gedichte unterscheiden sich in der Aussage. Zwar beschreiben beide Gedichte zunächst, wie ehrbar die Frauen sind und weshalb dies so ist. Im Gegensatz zum Originalgedicht erzählt Schlegel in seiner Parodie jedoch danach, dass die Männer dies nicht zu würdigen wissen und sich rücksichtslos verhalten.

Ü7 Hier gibt es keine Musterlösung. Sicher hast du gute Ideen gehabt.

Ü8 In einer Satire werden Ereignisse und Gegebenheiten, die ärgerlich oder lästig sind (verschlafen, weil der Bruder den Wecker verstellt hat), als gut (Kinder müssen Erfahrungen machen) oder sogar witzig („Ich unterstütze ihn gern dabei") dargestellt. Damit der Leser den Text als Satire erkennt, muss der Autor übertreiben: hier durch die Häufung der unglücklichen Umstände. Häufig wird hierfür auch die Ironie eingesetzt („ein Tag der richtig schönen Sorte", „so gerne ich sie auch gemacht hätte").

Ü9 Lösungsvorschlag (verkürzt):
Der letzte Montag war ein Tag der richtig furchtbaren Sorte, wie man ihn nur selten erlebt. Der Wecker klingelte ... Mein kleiner Bruder hatte ... Nachdem ich also keine Zeit mehr zum Frühstücken hatte, trat ich vor die Tür: Es regnete. Mist! Und ich musste mit dem Fahrrad in die Schule fahren ... In der ersten Stunde ... Da ich gestern den ganzen Nachmittag auf dem Fußballfeld verbracht hatte, ... Ich sagte es meinem Lehrer, der sich furchtbar aufregte und mir sogleich eine Sechs in sein Notenbuch schrieb. Das neue Thema in Mathe interessierte mich und ich hörte eifrig zu, bis ... Ich sagte ihm, er solle das gefälligst lassen, aber er hörte nicht auf. Als er sich dann ..., flippte ich aus und ... Unser Lehrer drehte sich zu mir um und gab mir eine Strafarbeit. Das hatte mir gerade noch gefehlt. Ich hatte den Nachmittag nämlich freigehalten, um shoppen zu gehen. Daraus wird wohl nichts.

Ü10 vgl. **Ü11**

Ü11 Lösungsvorschlag: Einkaufen am Samstag
Die ganze Woche freue ich mich schon auf den Samstag. Mit bester Laune fahre ich um die Mittagszeit los und knüpfe auf dem Parkplatz des Supermarkts bereits Kontakte: mit dem Mann, dessen Auto ich beim Einparken gerammt habe. Meine erste Telefonnummer! Nebenbei trainiere ich beim zweiten Einparkversuch noch meine Koordination. Auf dem Autoparkplatz gibt es keine Parklücke mehr, also stelle ich mich auf einen Parkplatz für Motorräder. Eine fröhliche Partystimmung kommt beim Einkaufen auf: Das gleichzeitige Greifen mehrerer Kunden nach einem Salatkopf ist wie die „Reise nach Jerusalem". Allerdings darf man nicht empfindlich sein: Wer spielt, muss auch verlieren können. Das Beste am Samstagseinkauf aber ist das kostenlose Sportprogramm, das den Kunden geboten wird: Milchtüte, Konservendose, Nudelpackung, Waschmittel und Weinflasche auf einmal zu tragen, gibt richtig schöne Armmuskeln und verbrennt schätzungsweise 100 Kalorien. Gott sei Dank sind samstags nie Einkaufswagen frei, so kann ich meinen inneren Schweinehund am besten überlisten. Zum Schluss überlege ich mir während des Wartens an der Kasse in aller Ruhe, welche der vielen köstlichen Süßigkeiten ich heute mitnehmen möchte. Einige davon esse ich gleich. Gelöst bringe ich meine Einkäufe zum Wagen und – welche Freude! – eine weitere Telefonnummer hängt an meiner Windschutzscheibe. Da hat jemand eine Frage zu seinem kaputten Motorrad.

Ü12 Es handelt sich um eine Glosse, denn es wird kritisch und etwas boshaft über einen aktuellen Anlass geschrieben (die Weltmeisterschaft im Handy-Weitwurf am Vortag).

Ü13 Es sind unzählige Serien. Sie spielen im Krankenhaus, in der Arztpraxis, zu Hause, in der Schule, im Hotel, bei der Polizei, in der Rechtsanwaltskanzlei, im Gefängnis usw.

Ü14 Arztserie, Krankenhausserie, Polizeiserie, Krimiserie, Jugendserie, Familienserie, Zeichentrickserie usw.

Ü15 Folgende Merkmale treffen zu: 1, 3, 5, 7

Ü16 Lösungsvorschläge für Beziehungen und Konflikte:
hasst ihn, weil er ihm die Freundin ausgespannt hat – geschieden, sind aber noch Freunde – ist in seine Freundin verliebt – ist sein Lehrer; fühlt sich ungerecht behandelt – Geschwister, wissen aber nichts voneinander – eigentlich Freunde, will ihm aber den Job streitig machen

Ü17 Die Zuschauer könnten zum Essen von Pralinen verführt werden (bekommen durch das Fernsehen Appetit). Außerdem vermittelt der Schauspieler, dass Schokolade gegen schlechte Laune und/oder Stress hilft. Durch den Kommentar über „die Schwulen" wird eine Stimmung gegen Homosexuelle erzeugt, die vom Fernsehzuschauer übernommen werden könnte. Des Weiteren zeigt die Serie, dass das Trinken von Alkohol eine fröhliche und sogar romantische Stimmung erzeugen kann. Durch die entsprechende Musik wird dies noch verstärkt.
Hast du die entsprechenden Stellen markiert?

Check-up Kapitel 4

A1 vgl. S. 60

A2 Wir in dieser Firma sind **ein Team,** das ganz ..., wenn wir **alle das nötige Engagement und die erforderliche Begeisterung mitbringen.** Die Zuhörer werden aufgefordert, sich in die Firma einzubringen und mit den Kollegen zusammenzuarbeiten.

A3 Mögliche Stichworte könnten sein:
– Jugendliche werden durch die Härte der Aussagen psychisch „fertiggemacht".
– Kann diese Jury überhaupt beurteilen, was guter und schlechter Gesang ist?
– Es geht nur um Einschaltquoten, nicht um eine faire und sensible Beurteilung.
– Lebensträume Jugendlicher werden zerstört.
– Das Leben Jugendlicher kann zerstört werden: Von der Blamage, die über das Fernsehen Millionen von Zuschauern zugänglich ist, werden sie sich lange nicht erholen.

A4 Eine Parodie ist eine Nachahmung ...
Der Verfasser einer Parodie schreibt im Stil des Originals ...

A5 **Exposition:** Ein kleiner Junge ist ...
Entwicklung: Am nächsten Tag erzählt er ...
Auflösung: Viele Tage und Streiche später ...

A6 vgl. Wissen+ auf S. 66

5 Grammatik und Stil

Ü1 **Verben** bezeichnen Handlungen/Vorgänge: sagen, essen. – **Substantive** bezeichnen Lebewesen und Dinge: Weisheit, Mahl. – **Adjektive** beschreiben Eigenschaften oder Merkmale: rosa, groß. – **Pronomen** stehen anstelle eines Substantivs: das, er, sie. – **Adverbien** informieren über die Umstände: übermorgen. – **Präpositionen**

kennzeichnen Beziehungen: auf, über. – **Konjunktionen** verbinden Wörter und Sätze: und, denn, weil. – **Interjektionen** sind im Satz isolierte Ausrufe: ah, oje, pfui.

Ü2 **1.** Dieser/Er; **2.** Es; **3.** ihm/dem

Ü3 **1.** Ersatzprobe: Sie trat hinaus. **2.** Dieses Spiel / war / ein großer Erfolg. – Umstellprobe: Ein großer Erfolg war dieses Spiel. – Ersatzprobe: Es war erfolgreich. **3.** Gestern / fand / ich / eine Münze / auf dem Boden. – Umstellprobe: Ich / fand / gestern / auf dem Boden / eine Münze. – Ersatzprobe: Heute fand ich sie dort.

Ü4 **2.** Der Mann: Subjekt – wird angeklagt: Prädikat – des Diebstahls: Genitivobjekt **3.** Sie: Subjekt – hat getragen: Prädikat – die schwere Tüte: Akkusativobjekt **4.** Die Strafarbeit: Akkusativobjekt – hat zu verdanken: Prädikat – sie: Subjekt – Jochen: Dativobjekt **5.** Um den armen Hund: Präpositionalobjekt – hat sich gekümmert: Prädikat – Tobias: Subjekt

Ü5 **Lösungsvorschlag:**
1. vor großen Hunden. – Wovor fürchtet sich Peter? **2.** für einen Lügner. – Wofür halte ich ihn? **3.** auf ein Wunder – Worauf kann man hoffen? **4.** zu einer guten Schülerin. – Wozu entwickelt sich Sarah?

Ü6 **1.** ich sehe – wir sehen **2.** du sahst – du wirst sehen **3.** es sieht – es wird gesehen **4.** wir sehen – wir sähen

Ü7 **Adverbien:** heute Morgen, kaum, überall, mittags, von unten, fragend
Präpositionen: in, aus, während
Konjunktionen: als, und, doch
Interjektionen: Mmh, Ääääääh, Tja

Ü8 Gestern (1) fing ... schneien. Wochenlang (2) ... uns wie kleine Kinder. (3) Sofort (4) schnappte ich glücklich (5) meinen ... zum „Schlittenberg (6) in der Nähe unseres Hauses. (7) ... In meiner Freude (8) übersah ich den Strauch, der auf halber Höhe des Berges (9) wuchs. Erschreckt (10) versuchte ich ... Um das Schlimmste zu verhindern (11), fing ich ... Doch mein Daumen stand etwas komisch (12) von meiner Hand ab. Sofort (13) ging ich traurig (14) nach Hause (15) und ließ mich von meiner Mutter zum Arzt (16) fahren. Nach dem Röntgen (17) war klar: ... in diesem Jahr (18).
Temporaladverbiale: 1, 2, 4, 13, 17, 18
Lokaladverbiale: 6, 7, 9, 15, 16
Modaladverbiale: 3, 5, 10, 12, 14
Kausaladverbiale: 8, 11
Achtung: Verwechsle adverbiale Bestimmungen nicht mit Attributen. Während sich adverbiale Bestimmungen auf das Verb oder auf den gesamten Satz beziehen, sind Attribute Beifügungen zu Substantiven und stellen somit kein Satzglied dar.

Ü9 **1.** Adjektiv: Großen, Ganzen; **2.** Partizip: Gebasteltes; **3.** Verb: Laufen; **4.** Adjektiv: Schlechtes; **5.** Verb: Suchen; **6.** Pronomen: Niemand, Jemand; **7.** Präposition: Diesseits, Jenseits

Ü10 Das solltest du unterstrichen haben:
1. Deine; **2.** viel – wenig; **3.** Das; **4.** das; **5.** ein – eine; **6.** etwas; **7.** langem

Ü11 hin und her – Wenn und Aber – Hin und Her – Hübschere – hübscher – sie – etwas – Klingeln – laut – Hübsche – er – Glückliche

Ü12 **1.** Zweifel am Bestehen der Prüfung plagten sie. **2.** Die Furcht vor dem Gestehen (Geständnis) der Wahrheit ist sehr groß. **3.** Seine Freude auf das Verbringen des Urlaubs mit ihr war groß. **4.** Das war der Dank für seine Hilfe. **5.** Die Entscheidung für eine Reise nach Amerika fiel bei ihm. **6.** Beim Bürgermeister herrscht Verärgerung über die Verspätung der Gäste. **7.** Kindern unter sechs Jahren ist der Besuch von Filmveranstaltungen nur in Begleitung Erwachsener gestattet.

Ü13 **Lösungsvorschlag:**
Haus: Gebäude, Kate, Villa, Reihenhaus, Hütte, Bruchbude, Einfamilienhaus, Schloss, Bau, Bauwerk, Mietskaserne, Baracke usw.
hassen: nicht mögen, ablehnen, Abneigung empfinden, unsympathisch finden usw.
Junge: Knabe, Sohn, Neffe, Enkel, Filius, Heranwachsender, Teenager usw.
verlieben: verknallen, vergucken, erglühen, Feuer fangen, anbeten, zu Füßen liegen usw.
vorsichtig: behutsam, sorgsam, rücksichtsvoll, bedachtsam, wie ein rohes Ei behandeln usw.

Ü14 **1.** Kennziffer einer Zeitungsanzeige; **2.** Verspottung durch Übertreibung; **3.** Kreislauf wiederkehrender Dinge; **4.** persönlicher Einsatz; **5.** Rechtschreibung

Ü15 Diese Wörter passen besser:
1. Katastrophe; **2.** einheitliche; **3.** Lappalie; **4.** Fantasierst du wieder? **5.** knapp; **6.** Beiheft

Ü16 **1.** Denotation: Himmelskörper – Konnotation: Romantik, Abendstimmung, Friede, Ruhe; **2.** Denotation: Blume mit Dornen – Konnotation: Liebe, Romantik, Gefühle; **3.** Denotation: Umkehr – Konnotation: Fall der Mauer, Änderung der Situation, Neuanfang; **4.** Denotation: Jahreszeit – Konnotation: Urlaub, Spaß, Wärme, Schwimmbad, Strand, Leichtigkeit; **5.** Denotation:

Berufsbezeichnung – Konnotation: Gesundheit, Krankheit, Alleswisser, Alleskönner, weißer Kittel; **6.** Denotation: Spanische Insel – Konnotation: Urlaub, Strand, Party, gute Stimmung

Ü17 Das solltest du durchgestrichen haben: wirklich richtig – ja überhaupt – echt – dahin – tatsächlich – Sonja hatte mir das schon erzählt – ja nun – nämlich – super, super süßen – haltet euch fest! – dann – a so so

Ü18 Lösungsvorschlag:
Das Treffen mit dem Jungen war eine unglaubliche Enttäuschung! Ich wusste es ja, dass man in einer Tanzstunde keine netten und ehrlichen Jungen kennen lernen kann. Als wir am vergangenen Samstag ein Eis essen waren, ist etwas Unglaubliches passiert: Während unserer Unterhaltung kam auf einmal seine Freundin dazu! Ich dachte, ich sehe nicht richtig. Seine Freundin hatte offenbar denselben Gedanken. Sie war sehr wütend und schrie ihn an, während ich so schnell wie möglich verschwand. So etwas Peinliches ist mir noch nie passiert!

Check-up Kapitel 5

A1 **1.** Wortarten; **2.** flektierbare – nicht flektierbare; **3.** Verben, Substantive, Adjektive, Artikel und Pronomen; **4.** Konjugation; Numerus, Tempus, Genus Verbi und Modus; **5.** Adverbien, Präpositionen, Konjunktionen und Interjektionen

A2 **1.** Adverb; **2.** Adjektiv; **3.** Substantiv; **4.** Präposition; **5.** Verb; **6.** Pronomen; **7.** unbestimmter Artikel; **8.** Interjektion; **9.** Konjunktion; **10.** Interjektion

A3 **1.** Maja (S) berief sich (P) auf das Versprechen des Lehrers (PO). **2.** Simon (S) schenkte (P) seiner Freundin (DO) eine schöne Halskette (AO). **3.** Sie (S) erinnerten sich (P) an gemeinsame Erlebnisse (PO). **4.** Er (S) ist (P Teil 1) des Wartens (GO) überdrüssig (P Teil 2).

A4 **1.** Das schönste Erlebnis in der Adventszeit ist es, Weihnachtsgebäck zu backen. **2.** Das frisch gekochte Essen duftet. Noch besser riecht das gebratene Essen aus dem Ofen. **3.** Auf der Messe wurden einige gebastelte Gegenstände und viele gemalte Bilder ausgestellt. **4.** Weil wir zu spät kamen, mussten wir den dreifachen Preis bezahlen. **5.** Weil ein unerwartetes Ereignis dazwischen kam, konnten wir nicht schwimmen gehen.

A5 Lösungsvorschlag:
1. eine frisch aufgeblühte Blume. **2.** bei einer Beerdigung. **3.** noch nie zuvor in meinem Leben. **4.** Blei.

A6 **1.** Nachdem ich die Tür aufgeschlossen hatte, hörte ich ein Geräusch. **2.** Da ich an einer Mehlallergie leide, darf ich keine Nudeln essen. **3.** Ich lief hinter ihr her, um ihr zu helfen. **4.** Ich bin so müde, dass ich gleich schlafen gehe. **5.** Das Haus, das aussieht wie ein Schloss, finde ich sehr schön. **6.** Er fuhr nach Stuttgart, wo er sich mit seinem Freund traf.

6 Rechtschreibung und Zeichensetzung

Ü1 **1.** dir; **2.** du; **3.** Ihre/deine; **4.** Sie; **5.** ihr; **6.** Sie

Ü2 Heiterkeit – Finsternis – Trübsal – Reichtum – Weisheit – Nettigkeiten – Besserung/Verbesserung – Freundlichkeit – Blindheit

Ü3 Die richtige Schreibweise:
Heute **M**orgen um **a**cht – jeden **T**ag – **M**ittwoch immer – **m**ittwochs – um **z**wei – diesem **M**orgen – **g**estrigen **A**bend – **G**estern – **e**ntscheidende – wie ich **n**achher – die **n**ächsten **W**ochen – **n**ächsten **M**onate? – **M**ittwoch

Ü4 **1.** rot – Grün; **2.** Deutsch – Englisch; **3.** englisch; **4.** Blau – hellblau – dunkelblau;

Ü5 **1.** Angst habe – Angst besiegen – wirklich angst; **2.** tut mir leid – Leid klagen – wirklich leid

Ü6 Gutes aus Europa
Der Schweizer Käse schmeckt mir am besten, obwohl der holländische Gouda auch nicht zu verachten ist. Belgische Pralinen mag ich gerne, doch auch die Engländer können gute Süßwaren herstellen. Das Bier in Düsseldorf, das Düsseldorfer Alt, ist ebenso bekannt wie der italienische Wein. Doch auch die Franzosen haben guten Wein, vor allem aber sind die französischen Croissants ein Genuss.

Ü7 Lösungsvorschlag:
1. sprechen: sprechen lernen, flüsternd sprechen, sprechen lassen; **2. rennen:** rennen können, rennen gehen, rennend schreien; **3. lernen:** lernen wollen, lernen können, schreiben lernen

Ü8 **1.** Sobald ich achtzehn bin, lerne ich Auto fahren. **2.** Das Autofahren macht mir großen Spaß. **3.** Bring mich doch bitte nach Hause. **4.** Das Nachhausebringen macht mir nichts aus. **5.** Wieso kannst du einfach nicht sitzen bleiben?

Ü9 kleinmütig – urlaubsreif – freudestrahlend – fingerbreit – dunkelbraun – herzensgut – liebestoll – lichterloh – feuchtfröhlich

Ü10 **1.** heimkommen; **2.** irreführen; **3.** wettmachen; **4.** standhalten; **5.** stattgeben; **6.** teilhaben

Ü11 **1.** gut geschrieben – kein fester Begriff → getrennt; **2.** gutschreiben – fester Begriff → zusammen; **3.** hochrechnen – fester Begriff → zusammen; **4.** totschlagen – fester Begriff → zusammen; **5.** groß schreiben – kein fester Begriff → getrennt; **6.** leicht verstehen – kein fester Begriff → getrennt; **7.** kleinschreiben – fester Begriff → zusammen; **8.** wahrsagen – fester Begriff → zusammen

Ü12 Lösungsvorschlag:
1. Stühle – Bestuhlung – Stuhlsitz – bestuhlen **2.** ehren – ehrlos – Ehrung – ehrlich **3.** Verzehr – verzehren – ausgezehrt – Zehrgeld **4.** Ermahnung – mahnen – gemahnt – Mahnsache **5.** Prahler – Prahlerei – prahlerisch – prahlsüchtig

Ü13 **1.** Pilot; **2.** Sieger; **3.** Gewehr; **4.** grenzenlos; **5.** Woge; **6.** Teer; **7.** Saat; **8.** sagen/reden

Ü14 Ebbe – Ebene – Barren – bar – gelten – Gülle – Dürre – Durst – Lack – Laken – Schmutz – Kratzer – Ranzen – Wildbret – Holzbrett

Ü15 **1.** ich falle – du fällst – er/sie/es fällt – wir fallen – ihr fallt – sie fallen; **2.** ich drücke – du drückst – er/sie/es drückt – wir drücken – ihr drückt – sie drücken; **3.** ich bette mich – du bettest dich – er/sie/es bettet sich – wir betten uns – ihr bettet euch – sie betten sich; **4.** ich blicke – du blickst – er/sie/es blickt – wir blicken – ihr blickt – sie blicken; **5.** ich bummle – du bummelst – er/sie/es bummelt – wir bummeln – ihr bummelt – sie bummeln

Ü16 **1.** Mandarine; **2.** Tiger; **3.** Gardine; **4.** Theologie; **5.** Margarine; **6.** Demokratie; **7.** Medizin

Ü17 **1.** fetttriefend; **2.** Balletttheater/Ballett-Theater; **3.** Kunststofffolie/Kunststoff-Folie; **4.** Mülllagerung/Müll-Lagerung; **5.** griffffest; **6.** Teeernte/Tee-Ernte

Ü18 Das war ein Spaß! Hast du gesehen, wie sie geschrieen hat, als ich ihr den Schubs gegeben habe? „Lass das!“ Aber das ist mir egal – man muss mit gleichem Maß messen. Ich kann mich noch genau erinnern, dass sie mir vor einem Jahr auch einen Stoß mit dem Fuß gegeben hat. Also ist das nur ausgleichende Gerechtigkeit. Aber du hast eigentlich Recht: Jetzt ist Schluss damit. Ich werde die Vergeltung von nun an lassen. Man muss ja auch verzeihen können.

Ü19 Zu den Aufgaben ... von Drucksachen, wie zum Beispiel Zeitschriften, Kataloge, Bücher und Formulare mit den Elementen Schrift, Bild, Farbe und Grafik. Schriftsetzer führen Texte, Bilder und andere Gestaltungselemente ... Ihren Arbeitsplatz haben sie in Setzereien, Textverarbeitungsbetrieben, aber auch in Druckereien. Darüber hinaus können sie in Verlagen, Grafikbüros, Medienagenturen sowie ...

Ü20 Lösungsvorschlag:
1. ... von der Schule abholen, das Geschirr spülen **und** Hausaufgaben machen, **aber** staubsaugen muss ich nicht. **2.** ... Aufgabe 8 in Deutsch machen, **sondern** die Aufgabe 9. **3.** ... am Schulfest **weder** Waffeln **noch** Kaffee, **aber/sondern** wir bieten Dosenwerfen an.

Ü21 Lösungsvorschlag:
1. Timo hat keine Zeit, weil er noch Hausaufgaben machen muss. **2.** Tanja mag Gedichte, obwohl sie keine auswendig kennt. **3.** Er liebt Fußball wie auch Basketball.

Ü22 Lösungsvorschlag:
1. Entweder ich kaufe das gelbe Kleid **oder** ich entscheide mich für die rote Hose. **2.** Ich gehe nicht gerne ins Theater, **aber** Kino mag ich sehr.

Ü23 **1.** Eines der Häuser, **und zwar das gelbe,** möchte ich kaufen. **2.** Ich möchte nun auch Sport treiben, **zum Beispiel Yoga. 3.** Mein Kind, **es lernt leicht,** ist gut in der Schule. **4.** Ich liebe alle Fantasy-Bücher, **insbesondere Harry Potter.** **5.** Die Schuhe, **ich habe sie vor einem Monat gekauft,** sind schon kaputt. **6.** Am Mittwoch, **den 6. Dezember,** treffen wir uns bei Christina.

Ü24 **1. Dafür** steht der Name, von guter Qualität zu sein. **2. So** ging er dahin, geheilt und ohne Beschwerden. **3. Aus diesem Grund** lief vor ihnen davon, um schnell zu entkommen. **4. Es war genauso,** wie sie es sich vorgestellt hatte. **5.** Er hatte nicht **daran** gedacht, die Tasche mitzunehmen.

Ü25 **1.** Um sich zu bedanken, deshalb war er hier. **2.** Es ist seine Aufgabe, gebraucht zu werden. **3.** Kein Problem, es war schnell gekauft. **4.** Wir sind gekommen, um dein neues Auto zu sehen. **5.** Er glaubte**(,)** sie zu hören. **6.** Sie stand**(,)** völlig verstört und verängstigt**(,)** an der Haustür. **7.** So ist es, geliebt zu werden.

Check-up Kapitel 6

A1 Lösungsvorschlag:
1. Moos – Saat – Seele; **2.** Stuhl – Lehrer – Mahl; **3.** Tier – Hiebe – Schliere; **4.** Sole – Geschmuse – Lage; **5.** Motto – Robbe – baggern; **6.** Hecke – Blick – Witz; **7.** Krampf – werfen – Pult

A2 Füße – Masse/Maße – Monster – Schuss – blass – Blasebalg – Pusteblume – kriseln – Christus – rissig – Brise – Preis

A3 **1.** Verb + Verb: in der Regel getrennt; **2.** Substantiv + Verb: in der Regel getrennt; **3.** Verbindungen, bei denen das Substantiv verblasst ist: zusammen; **4.** Verbindungen mit Adjektiven, deren zweiter Teil der Zusammensetzung kein eigenständiges Wort ist: zusammen; **5.** Fugen-s: zusammen; **6.** Bilden Adjektiv + Verb einen festen Begriff zusammen; bilden sie keinen festen Begriff: getrennt

A4 Lieber Stefan,
wie geht es Dir? Mir geht es gut, aber meinem Bruder geht es am besten. Er macht nämlich Urlaub in der Türkei. Gestern kam eine Karte. Darauf stand, dass er sich dort bestens auf Deutsch verständigen kann, aber auch englisch reden viele. Der türkische Kaffee ist ihm etwas zu stark, deshalb trinkt er lieber schwarzen Tee. Die Belegung der Hotels ist außerordentlich stark, es sind sehr viele Gäste an seinem Badeort. Genügend Bekanntschaften hat er wohl auch schon gemacht. Er meinte, es wären sehr viele hübsche deutsche Mädchen dort. Auch mit den Engländerinnen versteht er sich wohl gut. Ich werde ihm, sobald er daheim ist, sagen, dass er sich nur dank meiner Hilfe so gut auf Englisch verständigen kann. Sonst wäre er nicht unter den Besten im Unterricht gewesen.
Urlaub! Ich bin auch urlaubsreif, aber momentan kann ich leider nicht verreisen. Die Arbeit hier erledigt sich ja schließlich nicht von alleine. Momentan bin ich von früh bis spät unterwegs. Ich stehe morgens um sieben auf und arbeite bis abends um acht – auch samstags! Das kann auf Dauer nicht so weitergehen. Doch bei meinen Eltern ist es dasselbe in Grün. Wahrscheinlich habe ich mir das von ihnen abgeschaut. Doch all das Jammern hilft nichts.
Werden wir uns bald mal wieder sehen? Ich würde mich freuen! Melde dich doch.
Viele Grüße
Petra

A5 **1.** Simon kann zwar gut lesen, aber schreiben kann er nicht. – Komma, da entgegenstellende Konjunktion. **2.** Tanja kam eine Stunde zu spät, sie musste beim Arzt so lange warten. – Komma, denn zwei Hauptsätze werden durch ein Komma voneinander getrennt. **3.** Karla stand hier(,) völlig durchgefroren. – Komma kann bei einer Partizipgruppe gesetzt werden. **4.** Ich liebe es, Geschenke zu kaufen. – Komma, denn Infinitivgruppe wird durch „es" angekündigt. **5.** Ich hasse aufräumen, saubermachen und bügeln. – Komma bei Aufzählung, aber vor „und" steht kein Komma. **6.** Das ist schon in Ordnung, es war ja nicht so schlimm. – Komma vor Nachtrag.

7 Arbeitstechniken

Ü1 Die Zitate:
„Der Erfinder der Sprache scheint Spaß daran gehabt zu haben, sie auf jede mögliche Art zu komplizieren, die ihm eingefallen ist." – „Manche deutschen Wörter sind so lang, dass man von ihnen eine Aussicht genießen kann. ... es sind alphabetische Prozessionen."

Ü2 Wir [Mark Twain und sein Begleiter, d. Verf.] – Manschetten [steifer Ärmelabschluss an Herrenhemden, d. Verf.] – Mägde [Dienerinnen, d. Verf.]

Ü3 „Am nächsten Morgen nahmen wir unser Frühstück im Garten unter den Bäumen ein [...]. Die Luft war angefüllt vom Duft der Blumen und wilden Tiere [...]. Da waren große Käfige, die dicht von [...] fremdartigen Vögeln bevölkert waren, und andere Käfige [...], die gleichermaßen vor einheimischen und exotischen Vierfüßlern wimmelten."

Ü4 Schlage auf S. 97 nach, ob deine Quellenangaben alles Notwendige enthalten. Prüfe dann die alphabetische Reihenfolge.

Ü5 Mark Twain beklagt sich, dass ein durchschnittlicher Satz in einer deutschen Zeitung eine Kuriosität sei: Er nehme ein Viertel einer Spalte ein und beinhalte alle zehn ungeordneten Redeteile. Er sei hauptsächlich aus Komposita aufgebaut, die sich der Autor aus dem Stegreif ausgedacht habe und die man in keinem Wörterbuch finden könne. Sechs oder sieben Wörter seien ohne Bindestriche zu einem Wort zusammengepresst.

Ü6 Mark Twain übt die deutsche Sprache anhand eines Lehrbuches. Er soll Frage und Antwort vom Englischen ins Deutsche übersetzen. Dabei stolpert er über die Schwierigkeit, dass jedem Substantiv ein bestimmtes Geschlecht zugeordnet ist, das er mühevoll nachschlagen muss. Doch hiermit nicht genug: Er muss sich des Weiteren Gedanken machen, ob das Substantiv im Nominativ oder im Dativ steht. Die Voraussetzungen hierfür erscheinen ihm höchst unlogisch.

Ü7 Wörter, die du nachgeschlagen haben könntest: theoretisch, Alternative, Opposition, Regierungskoalition usw.

Ü8 Redaktion Schule und Lernen (Hrsg.): Schülerduden Politik und Gesellschaft. Mannheim 2005, S. 320–321.
Exzerpt von ... (dein Name), gelesen im ... (Monat und Jahr)

Ü9 Die Überschriften der drei Spalten sind fett, mögliche eigene Notizen kursiv:
Einparteiensystem: nur eine zugelassene Partei; z. B. ehem. Sowjetunion (KPdSU), kein politischer Wettbewerb. *In welchem Land noch? Wie funktionierte das?*
Zweiparteiensystem: nur zwei Parteien: Regierung und Opposition; z. B. USA. *Welche Parteien sind das momentan?*
Vielparteiensystem: mehrere Parteien; Bildung von Regierungskoalitionen. *Deutschland: Koalition SPD–CDU; welche Parteien in Opposition?*

Ü10 Mögliche eigene Notizen sind kursiv:
Parteiendemokratie: Parteien haben Einfluss auf Parlament und Regierung. *Welchen Einfluss? Wie groß?* („parlamentarisches Regierungssystem")
Deutschland: Stellung der Parteien durch Grundgesetz geregelt
Art. 21 GG: Parteien wirken bei politischer Willensbildung mit – *genauer Wortlaut: „(1) Die Parteien wirken bei der politischen Willensbildung des Volkes mit. Ihre Gründung ist frei. Ihre innere Ordnung muss demokratischen Grundsätzen entsprechen. Sie müssen über die Herkunft und Verwendung ihrer Mittel sowie über ihr Vermögen öffentlich Rechenschaft geben."*
Parteiengesetz: regelt Näheres über Ordnung und Finanzierung von Parteien, auch über Feststellung der Verfassungswidrigkeit

Ü11 Mögliche eigene Notizen sind kursiv:
Mehrheitswahlrecht: gut für große Parteien, erleichtert Regierungsbildung; *was ist Mehrheitswahlrecht?*
Verhältniswahlrecht: gut für kleine Parteien; *was versteht man unter Verhältniswahlrecht?*
Aber: je mehr kleine Parteien, desto schwieriger Regierungsbildung → Weimarer Republik → 5 %-Klausel → *Was geschah damals?*

Ü12 Neue Informationen:
Mehrheitswahlrecht = der Kandidat gewinnt, der die meisten Stimmen erhält
Verhältniswahlrecht = Parteien stellen Listen mit Kandidaten auf. Wähler wählt die ganze Liste, gibt die Stimme also der Partei. Deutscher Bundestag: beide Systeme, also Mischwahl: Erststimme ist Mehrheitswahl (man wählt Wahlkreiskandidat), Zweitstimme ist Verhältniswahl

Ü13 Durch zahlreiche kleine Parteien wurden Koalitionsbildungen schwer, sie wechselten häufig. Dadurch wurde die Regierung mehr und mehr handlungsunfähig. Dies begünstigte das Aufkommen der NSDAP und den Erfolg des Nationalsozialismus.

Ü14 s. Schaubild unten

Ü15 Prüfe, ob du folgende Daten korrekt eingetragen hast:
1890: Geburt in Berlin
1912: „Rheinsberg. Bilderbuch für Verliebte"
1913: Mitarbeiter „Schaubühne"
1924: Umzug nach Paris
1928: „Mit 5 PS"
1929: Umzug nach Schweden, „Das Lächeln der Mona Lisa"
1931: „Lerne lachen ohne zu weinen"
1935: gestorben bei Göteborg

Ü16

		Lehrer			
Melanie	Steffi	Stefan	Marc	Lisa	Susi
Georg	Karl	Lotte		Bernd	
Leonie	Carlo	Christian			

Lotte hat das Handy genommen.

Ü17

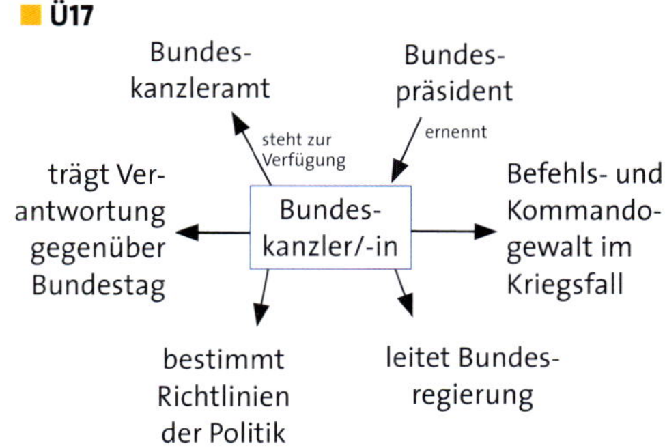

Ü14

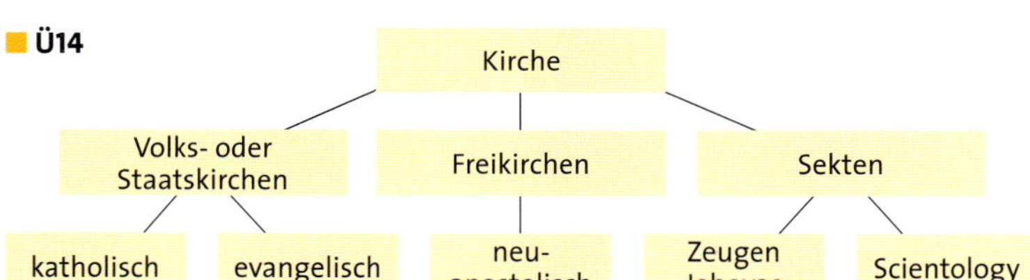

■ **Ü18 Protokoll der SMV**
Datum: 10.10.2005
Ort: Heinrich-Heine-Gymnasium, Aula
Teilnehmer: alle Klassensprecher und Stellvertreter
TOP 1: Wahl des Schülersprechers und Stellvertreters
Diskussion: Zur Wahl stehen Tobias, Bianca und Michael
Ergebnis: Schülersprecher: Michael (12 Stimmen) – Stellvertreter: Bianca (10 Stimmen)
TOP 2: Veranstaltung einer Mützenparty
Diskussion: Anke: am 6. Dezember in der Turnhalle; keine weiteren Wortmeldungen zu Termin und Ort; Eintritt ist frei
Nicola: Verkauf von Pizza
Sven: Verkauf von Würstchen
Abstimmung
Ergebnis: SMV verkauft Pizza (16 zu 12 Stimmen)

■ **Ü19** Prüfe genau, ob du alle formalen Merkmale eines Protokolls berücksichtigt hast.

■ **Ü20** **1.** Auf die Frage nach der Anleitung des Backens erklärt Simone, sie könne das übernehmen. **2.** Auf die Frage nach dem Einladen einiger Eltern meint die Klasse, das sei eine gute Idee.

Check-up Kapitel 7

■ **A1** Das solltest du angekreuzt haben: sachlicher Stil – Redebeiträge in indirekter Rede – Einsatz von Substantivierungen

■ **A2**

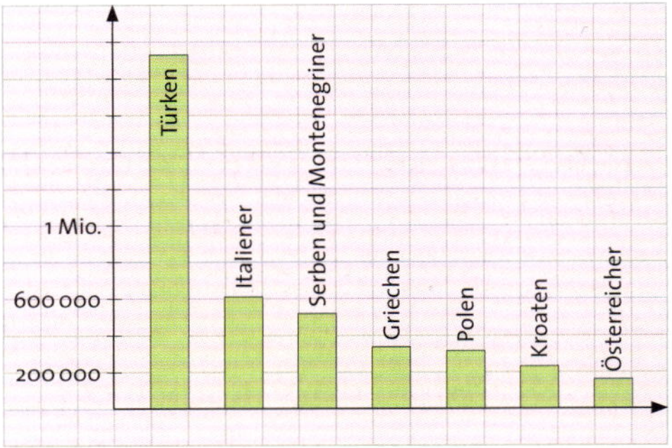

■ **A3** Sieh dir nochmals die formalen Merkmale eines Exzerpts an und prüfe, ob du sie berücksichtig hast.

■ **A4** **Wörtliches Zitat:** „Jedes Substantiv hat ein Geschlecht, und es hat weder Sinn noch Methode, wie sich dieses verteilt; also muss das Geschlecht jedes ... Fuß und der Körper einer Person sind männlichen Geschlechts, [...]."
Indirektes Zitat (gekürzt): Mark Twain beklagt sich über die Substantive. Er meint, jedes Substantiv habe ... und die Verteilung sei ohne Sinn und Methode. Man müsse bei jedem Substantiv das Geschlecht auswendig lernen, eine andere Möglichkeit gebe es nicht. Um dies tun zu können, benötige man ... Im Deutschen sei ein Fräulein ..., eine Steckrübe dagegen nicht. ... Ein Baum sei männlich, seine Knospen weiblich, die Blätter sächlich; Pferde seien geschlechtslos ... Fuß und der Körper einer Person seien männlichen Geschlechts.

Stichwortfinder